Exploratory Writing
Everyday magic for life and work

探索性写作

[英]艾莉森·琼斯 著　屠彬 黄一川 译
Alison Jones

Exploratory Writing: Everyday magic for life and work

Copyright © 2023 by Alison Jones

This translation published by arrangement with Alison Jones Business Services Ltd. trading as Practical Inspiration Publishing.

All Rights Reserved.

Simplified Chinese edition copyright © 2025 Huaxia Publishing House Co., Ltd.

北京市版权局著作权合同登记号：图字 01-2024-4400 号

图书在版编目（CIP）数据

探索性写作 /（英）艾莉森·琼斯 (Alison Jones) 著；屠彬，黄一川译 . -- 北京：华夏出版社有限公司，2025. -- ISBN 978-7-5222-0817-6

Ⅰ . H052

中国国家版本馆 CIP 数据核字第 2024KE3249 号

探索性写作

著　　者	［英］艾莉森·琼斯
译　　者	屠　彬　黄一川
策划编辑	朱　悦　卢莎莎
责任编辑	朱　悦　卢莎莎
责任印制	刘　洋

出版发行	华夏出版社有限公司
经　　销	新华书店
印　　装	三河市少明印务有限公司
装　　订	三河市少明印务有限公司
版　　次	2025 年 2 月北京第 1 版　　2025 年 2 月北京第 1 次印刷
开　　本	710×1000　1/16 开
印　　张	11.5
字　　数	154 千字
定　　价	59.80 元

华夏出版社有限公司　地址：北京市东直门外香河园北里 4 号　邮编：100028
网址：www.hxph.com.cn　电话：（010）64663331（转）
若发现本版图书有印装质量问题，请与我社营销中心联系调换。

推 荐 语

这是一个简单但深刻的问题:如果我们将空白页面视为探索思想的空间,而不仅仅是表达想法的空间,会怎样呢?任何经常写作的人都知道写作是一种强大的思维工具。这本书让每个人都随时可获得这种魔力,阅读它,并且准备做笔记吧!

丹尼尔·H. 平克(Daniel H. Pink)
著有《憾动力》《驱动力》《全新思维》等

琼斯揭示了一个魔法般的认知秘密:通过探索性写作的实践,我们的思维变得更清晰、更好,这种写作方法易于使用,具有巨大价值。

罗伯特·西奥迪尼(Robert Cialdini)
著有《影响力》和《说服》

这不仅是一本关于写作的精彩书籍;它更是一个全面的工具包,拓展了我们的思维和创造方式。这本书充满了许多启发性的见解,无论是正在考虑写作的人,还是经验丰富的作家,任何人都可以从中学习。这是写作者必备的杰出的百科全书。

乔纳森·麦克唐纳德(Jonathan MacDonald)
'变革专家'演讲者,著有《由变革驱动》

很少能遇到可以深刻改变你思维方式的人,艾莉森就是其中之一。她的文章非常有力且有效。《探索性写作》为你提供了推动创造力发展的

探索性写作

策略、工具和魔力。

克里斯·格里菲斯（Chris Griffiths）
著有《创意思维手册》

艾莉森·琼斯的《探索性写作》是一本珍贵的书，可以帮助人们理解为什么写作对商业人士如此有益，特别是在这个复杂、快速变化和动荡不安的时代。除了将价值和益处归因于手写的技巧（是的，用笔和纸），琼斯还以最务实的方式阐述了为什么要定期抽出一小段时间进行写作以及如何做。《探索性写作》不仅能帮助商业发展，也有益于心灵成长。

明特·戴尔（Minter Dial）
屡获殊荣的作者、电影制片人和国际专业演讲者

这本精彩的著作融合了科学研究、独特的技巧和幽默，邀请我们深入自己的内心世界，从而更好地改变我们的外在世界。

莫莉·贝克（Molly Beck）
Messy.fm首席执行官，著有《走出去》

艾莉森·琼斯为探索性写作提供了一个很好的范例，她认为探索性写作是一种全新的方式，可以开启对一系列问题的思考，并就这些问题采取行动。我只是使用了她的许多实用练习中的一个，就克服了写作障碍。这本书兼具趣味和实用性。

汤姆·舒勒（Tom Schuller）
著有《保拉原理》

一张白纸令人望而生畏，它通常激发的是一种义务感，而不是快乐。这就是为什么学生们说"我必须完成我的论文"，而不是"我迫不及待地

推荐语

想完成我的论文"；这就是为什么客人会说"我必须写这封感谢信"，为什么职业作家说"我必须在截止日期前完成"。毕竟，引发"写作障碍"这种精神恐慌的，仅仅只是一张空白的A4纸。

艾莉森·琼斯坚定地颠覆了这一切。在本书中，她将空白的页面视为一个机会，它创造一种让人肾上腺素激增的想法，是打开你的想象之门的一种方式。我并不完全同意其中所有的观点（那样会使书变得非常乏味，不是吗？），但我确实同意其中的大部分观点，所有这些观点都是刺激、新颖和原创性的。

罗杰·马维蒂（Roger Mavity）

创意大师和作家，著有《人生如戏》和《如何窃取火焰》

这是一本鼓舞人心的书。书中充满了智慧和实用建议。这本书不仅会让你在工作中更加自信和有把握，也会让你在生活中同样如此。艾莉森向我们展示了写作的重要性，它是一种成长、学习，并寻找自己道路的重要方式。

查理·科贝特（Charlie Corbett）

著有《直言不讳的艺术》和《拯救你生命的12只鸟》

这是一本我会定期拿来翻阅参考的书，艾莉森很好地介绍了"探索性写作"。最重要的是，书中还包括丰富的实用和创造性练习。无论你是第一次接触这种写作方式，还是只想得到一些新想法和灵感，这本书都能帮助到你。书中的解释清晰，练习既有趣又能带来洞察力。强烈推荐！

费利西蒂·德怀尔（Felicity Dwyer）

著有《建立联系》

探索性写作

许多人都认为自己可以写一本书，但却从未真正开始写作。书中有趣的方法将帮助每个人看见自由写作的乐趣，允许你只是为了乐趣而写，也许还能让你开始写一本书。

哈丽特·凯尔索尔（Harriet Kelsall）

哈丽特·凯尔索尔定制珠宝公司创始人兼主席，英国印记委员会和知识产权局非执行董事，屡获殊荣的《创意者创业指南》作者

这是一本鼓舞人心的书，艾莉森可以帮助你收获探索性写作的技巧。此书非常适合任何想要提升思维能力、更好地完成工作的人。

茱莉娅·皮姆斯勒（Julia Pimsleur）

"百万美元女性"创始人，著有《百万美元女性》和《放胆去做》

我非常喜欢这本书的理念，因为这是真的——把事情写下来确实能帮助你更清晰地思考。

瑞秋·布里奇（Rachel Bridge）

曾任《星期日泰晤士报》编辑，著有《如何在没有任何资金的情况下创业》《雄心壮志和已经很棒》等

终于有一本书探讨了"由分析造成的（行动）瘫痪"，书中不仅提供了实用的入门方法，还提供了令人信服的理论来反驳那些"如果——但是"的反对意见！琼斯将"空白页"视为一个机会，而不是写作者的障碍，她探讨了你是如何思考的，以及你的思考会如何阻碍你的创作，让你不再有任何犹豫不决的借口。这是我所有的学生和任何拖延症患者都需要准备好纸笔来阅读的读物！

奥黛丽·唐博士（Dr. Audrey Tang）

注册心理学家，著有《领导者的正念指南》

推 荐 语

这是一本富有力量和鼓舞人心的书：一个如此简单的想法，却产生了非凡的影响。我们经常发现自己是在反应，而非回应。我们感到受伤却不明白原因，或者被他人的反应搞糊涂了。在一个安全的空间里，花点时间去探索表象之下发生的事，可以让一切更好。

爱丽丝·谢尔顿（Alice Sheldon）

"需求理解"创始人，著有《让沟通更有温度》[*]

这是一个让人难以抗拒的邀请，让我们与写作建立起更具创造性和趣味性的关系，我们常常把时间花在消费别人的内容上，这就提醒我们，只要腾出一点时间和空间，我们也能成为创作者，创作出令人振奋和愉悦的内容。

吴瑞（Uri Bram）

The Browser 首席执行官，著有《妙思统计》

这本书以充满想象力和轻松的方式汇集了一个实用工具包，教人如何利用写作更好地了解自己。无论你在哪方面感到不够清晰，探索性写作都可以让你成为自己生活中的专家，帮助你揭开生活和工作中日常挑战的答案。

梅根·C.海斯（Megan C. Hayes）博士

心理学家，著有《写东西的快乐》和《写出自己的快乐》

最有力的想法常常是最简单的。艾莉森·琼斯提醒我们，在我们需要一个安全的空间来表达自己、探索自己的想法、不被评判的时候，一张白纸可以发挥取之不尽、用之不竭的无限潜力。这本书不仅令人耳目

---

[*]《让沟通更有温度》中文简体版（2022年）已由华夏出版社出版。

探索性写作

一新，更重要的是，它有可能让读者的生活和工作变得更好。

格雷格·麦基恩（Greg McKeown）

著有《本质主义》和《轻松无压力》

艾莉森·琼斯用智慧和温暖的方式，向你展示如何释放探索性写作改变生活的魔力。乍看之下，这似乎只是一本关于创造力和建立写作习惯的好书，但一旦你完成阅读，可能会意识到它真正的使命是改变你看待自己、工作和世界的方式。

A.萨弗尔·萨尔（A. Trevor Thrall）博士

著有《作家的12周年》

这本书友好而引人入胜，阅读它也是一次令人兴奋的探索，探索写作如何给我们提供一个安全的空间，让我们在纸上抒发自己的想法，化解自己的焦虑，真正发挥自己的创造力。这的确是一种日常魔法，它提醒我们，我们可以为自己写作，就像为读者写作一样。

凯茜·伦岑布林克（Cathy Rentzenbrink）

著有《爱的最后行动》《每个人都还活着》《把一切都写下来》等

人们说，只有当你能向别人解释时，才能真正理解一件事。但如果你还不能向自己解释呢？艾莉森在这本书中做的，便是让每个人有能力向自己解释想法，即使那个想法是全新的。这是一项简单而卓越的超能力。

汤姆·奇斯赖特（Tom Cheesewright）

应用未来学家，著有《高频变化》和《面向未来的企业》

我们中的大部分人已经注意到，当我们面临挑战时，将想法写下来，可以帮助我们抚慰心灵，砥砺思想。在这本书中，艾莉森·琼斯精彩地

推荐语

展示了探索性写作技巧在我们日常生活中可以变得多么强大和易于使用。她通过实用的指导和温暖的鼓励,向我们展示了一种高效、灵活的工具,可以让我们做得更好、感觉更好、变得更好。内容很棒。

卡罗琳·韦伯(Caroline Webb)
著有《如何度过美好一天》

这是一本看似简单的书,篇幅短小,易于阅读,但其中的理念却有改变你生活的潜力。我们经常写作的人都明白,写作既是沟通的工具,也是思考的工具。现在,艾莉森将这个秘密公之于众,每个人,无论他们是否认为自己是作家,都可以使用它。阅读这本书吧,让它给你启发!

罗宾·韦特(Robin Waite)
商业教练,著有《把握机会》和《在线业务创业》

当面临不确定性时——这是我们大多数人大部分时间下的状态——写作可以成为理解和个人成长的强大工具。在这本书中,艾莉森·琼斯向我们展示了如何去拥抱白纸改变人生的力量!

多莉·克拉克(Dorie Clark)
著有《长期游戏》,杜克大学富卡商学院高管教育学院教师

艾莉森的作品不断给人以启迪和灵感,这次也不例外。

萨姆·康尼夫·阿伦德(Sam Conniff Allende)
著有《更加叛逆》

如此简单,却如此强大。拿起你的笔,让这本书陪伴你,开始探索性写作的冒险。

安妮·詹泽(Anne Janzer)
著有《作家的写作过程》

探索性写作

这是一本实用的书籍，其中蕴含着深刻的信息：如果我们要在这个充满压力和焦虑的世界里用心生活、茁壮成长，而不仅仅是生存下去，那么最简单的做法往往是最重要的。

西蒙·亚历山大·翁（Simon Alexander Ong）

著有《活力》

当我还是一名记者时，我用写作的方式来检验自己的想法，并将它们融合为一个协调的整体。艾莉森·琼斯充满激情而真诚地描述了这种"探索性写作"的方式。这本书思想深刻、文笔优美。强烈推荐。

约翰·霍金斯（John Howkins）

著有《隐形工作》

这本书对任何作家都有深远的影响。不要再惧怕白纸，开始进行简单的探索性写作练习，无论是在纸面上，还是离开纸面，这都将改变你的生活。书中充满了实用的技巧、热情和严谨，是加深你批判性思维的最佳搭档。艾莉森·琼斯将以你意想不到的方式引导你的生活。

贝克·埃文斯（Bec Evans）

著有《如何快乐奋斗》

艾莉森的书让我深受感动。《探索性写作》让我重新思考写作在我的生活中扮演的角色——这是一本非常有力量的书。

布鲁斯·戴斯利（Bruce Daisley）

著有《工作的乐趣》和《坚韧》

这是一本令人愉快和振奋人心的读物，文笔生动，有着引人入胜的故事和翔实的参考资料，还有许多实用工具。我已经注意到，谈论一件

推 荐 语

事可以加深我对自己真实想法和感受的理解；而探索性写作对写作的过程也有同样的作用。这是写作可以带给我们所有人的一个新"魔法"。正如你所期望的那样，这是一本来自才华横溢的艾莉森·琼斯的出色图书。

丽塔·克利夫顿（Rita Clifton）

演讲者，著有《爱你的冒名顶替者》

《探索性写作》向我们展示，往往只需要一个不起眼的记事本和一支笔，就足以帮助我们更深入地了解我们复杂的大脑、我们的工作以及两者之间的一切。这本书条理清晰，充满智慧，为我的写作带来了新的视角和令人振奋的冒险精神。谢谢你，艾莉森，太棒了。

格雷厄姆·奥尔科特（Graham Allcott）

著有《如何成为生产力忍者》和《工作燃料》

给新秀作家的健康警告：这本书将让你无法找借口（不写作）。

安迪·科普（Andy Cope）

著有《成为卓越之人的艺术》

献给我的探险伙伴们：

乔治，为我指引道路；

索夏，我的"微型探险"伙伴；

凯瑟琳和芬莱，你们是带给我最多惊喜和发现的探险者。

目录

前　言 ·· 001

引　言 ·· 001

第 1 部分　发现探索性写作

第 1 章　重新发现这一页 ·· 003

第 2 章　魔法背后的科学 ·· 006
　　外部硬盘 ·· 007
　　连接大脑 ·· 010
　　本能阐释 ·· 012
　　讲故事的大脑 ·· 013

第 3 章　成为一名探险家 ·· 016
　　探险家的心念 ·· 016
　　探险家的工具包 ··· 021

第 4 章　探索性写作与工作中的危机 ⋯⋯⋯⋯⋯⋯⋯⋯⋯⋯⋯⋯⋯ 027
"隐形工作"与合作 ⋯⋯⋯⋯⋯⋯⋯⋯⋯⋯⋯⋯⋯⋯⋯⋯⋯⋯⋯⋯⋯ 029
多样性与包容性 ⋯⋯⋯⋯⋯⋯⋯⋯⋯⋯⋯⋯⋯⋯⋯⋯⋯⋯⋯⋯⋯⋯ 030
工作中的幸福感 ⋯⋯⋯⋯⋯⋯⋯⋯⋯⋯⋯⋯⋯⋯⋯⋯⋯⋯⋯⋯⋯⋯ 031

第 2 部分　页面内外的冒险

第 5 章　能动性、意图和注意力的冒险 ⋯⋯⋯⋯⋯⋯⋯⋯⋯⋯⋯ 035
能动性 ⋯⋯⋯⋯⋯⋯⋯⋯⋯⋯⋯⋯⋯⋯⋯⋯⋯⋯⋯⋯⋯⋯⋯⋯⋯⋯ 036
意图 ⋯⋯⋯⋯⋯⋯⋯⋯⋯⋯⋯⋯⋯⋯⋯⋯⋯⋯⋯⋯⋯⋯⋯⋯⋯⋯⋯ 038
注意力 ⋯⋯⋯⋯⋯⋯⋯⋯⋯⋯⋯⋯⋯⋯⋯⋯⋯⋯⋯⋯⋯⋯⋯⋯⋯⋯ 039

第 6 章　意义构建中的冒险 ⋯⋯⋯⋯⋯⋯⋯⋯⋯⋯⋯⋯⋯⋯⋯⋯⋯ 043
自由书写 ⋯⋯⋯⋯⋯⋯⋯⋯⋯⋯⋯⋯⋯⋯⋯⋯⋯⋯⋯⋯⋯⋯⋯⋯⋯ 044
同理心 ⋯⋯⋯⋯⋯⋯⋯⋯⋯⋯⋯⋯⋯⋯⋯⋯⋯⋯⋯⋯⋯⋯⋯⋯⋯⋯ 048
重构 ⋯⋯⋯⋯⋯⋯⋯⋯⋯⋯⋯⋯⋯⋯⋯⋯⋯⋯⋯⋯⋯⋯⋯⋯⋯⋯⋯ 050

第 7 章　探询中的冒险 ⋯⋯⋯⋯⋯⋯⋯⋯⋯⋯⋯⋯⋯⋯⋯⋯⋯⋯⋯ 055
市政厅 ⋯⋯⋯⋯⋯⋯⋯⋯⋯⋯⋯⋯⋯⋯⋯⋯⋯⋯⋯⋯⋯⋯⋯⋯⋯⋯ 059
向他人探询 ⋯⋯⋯⋯⋯⋯⋯⋯⋯⋯⋯⋯⋯⋯⋯⋯⋯⋯⋯⋯⋯⋯⋯⋯ 061
向未来的自己询问 ⋯⋯⋯⋯⋯⋯⋯⋯⋯⋯⋯⋯⋯⋯⋯⋯⋯⋯⋯⋯⋯ 063
问题风暴 ⋯⋯⋯⋯⋯⋯⋯⋯⋯⋯⋯⋯⋯⋯⋯⋯⋯⋯⋯⋯⋯⋯⋯⋯⋯ 066

第 8 章　玩乐中的冒险 ⋯⋯⋯⋯⋯⋯⋯⋯⋯⋯⋯⋯⋯⋯⋯⋯⋯⋯⋯ 069
创造力 ⋯⋯⋯⋯⋯⋯⋯⋯⋯⋯⋯⋯⋯⋯⋯⋯⋯⋯⋯⋯⋯⋯⋯⋯⋯⋯ 070

独创性 ·· 072

　　问题解决 ·· 074

第9章　转化的冒险 ································ 076

　　驾驭隐喻 ·· 077

　　揭示隐喻 ·· 079

　　刻意隐喻 ·· 081

第10章　自我认知的冒险 ························ 085

　　倾听猩猩 ·· 085

　　赞美猩猩 ·· 087

　　翻转猩猩 ·· 090

第11章　探索幸福的冒险 ························ 093

　　为自己提供资源 ····································· 094

　　治疗性写作 ·· 097

　　心理复原力 ·· 098

　　为幸福建构意义 ····································· 101

　　自我辅导 ·· 104

　　正念 ··· 105

第3部分　更深入的探险

第12章　超越语言 ································ 111

　　思维导图 ·· 113

图形组织工具 115
　　概念图 121

第 13 章　超越自我 131
　　开始写作 132
　　建立信心 133
　　生产优质内容 134
　　类比 134
　　讲述更好的故事 136
　　创意写作应用 137

第 14 章　超越当下 139
　　记录发现 139
　　反思实践 141

结　语 145

写作提示列表 147

现在要做什么？ 151

致　谢 153

参考书目 155

前　言

探索问题，寻找你自己的答案。在本书中，艾莉森·琼斯为我们解释了如何尝试探索性写作，并给出了写作的例子。她以简明易懂的方式，向我们介绍了探索性写作的基本背景，告诉我们如何开始写作，还介绍了许多吸引人继续深入探索的方式。探索性写作只需要用到我们日常工具箱中的普通工具：铅笔和纸，也许还会用到一台电脑。这个过程只需要很少的时间就能完成：有时只需六分钟。这个过程看似简单，毕竟我们从小就一直在写作和阅读。它直截了当，却会带来惊人的收获。

以这种个性化和私人化方式写作，可以给我们的生活和工作带来启迪和进步。探索性写作应用的是一种开放性的策略，可以找到通路，让我们触碰到自己思维和记忆中隐藏而难以接近的部分。这个过程给予我们洞见，有些洞见相当惊人，甚至能改变我们的生活。一旦我们开始探索这个更广阔、更深远的世界，就会意识到自己过去错过了多少宝藏。就好像我们一直在一个走廊里生活和工作，甚至没有意识到走廊两边门窗的存在。更重要的是，写作让我们能够拉开窗帘，挣开束缚，向外探出身子，看到冒险的景象、闻到冒险的味道、听到冒险的声音、触摸冒险的质地，品尝冒险的滋味。我们可以翻出那些窗户。写作给了我们打开那些门窗的钥匙，令我们可以去探索另一边的世界。

我们随时都可以进行探索性写作，它可以成为我们最好的免费教练。艾莉森告诉我们：**"优秀的教练不会直接提供答案，而是更多地提出好的问题，以启发你更好地理解议题并创造自己的解决方案。"** 若有了这样一位私人写作教练，我们也就获得了长期的支持和指导，能够制订自己的

探索性写作

策略来解决问题。当然，解决方案本身也会带来更多问题和探索，以及更多可能的动态解决方案。你的同事和客户会发现，他们与你一起进入了一个新世界。

艾莉森还提醒我们：成功者提出更好的问题。成功者愿意学习如何承担责任，提出更好的问题。他们愿意深入质疑自己、质疑自己的动机和价值观。对于不那么成功的人来说，这个过程可能会带来心理层面的危险，但正如最好的教练会告诉你的那样：这是通往更好解决方案的唯一途径。最好的教练会帮助我们严格要求自己。

探索性写作可以帮助我们更深入、更全面地看待日常生活中的问题，迄今为止，我们可能尚未对这些问题提出疑问。我们可以从他人的视角去看待问题，反思被我们误解为真理的假设，将愤怒等负面情绪转化为建设性的能量，学会更全然地遵照我们的价值观去生活，由此，我们可以获得洞察力和清晰的思路。写作拥有一种力量，这种力量来自对我们的问题本身提出追问，从而探索我们工作的根源，并转化我们的生活。

吉利·博尔顿（Gillie Bolton）博士
著有《反思性实践：写作与专业发展》

引　言

想想你上次出行的经历，在那次出行中，你有多少真正的探索？

对于我们大多数人来说，大部分时候，我们的出行几乎与极地探险毫无相似之处。我们通勤上班，接送孩子上学，拜访朋友和家人，有时，我们在旅行指南和卫星导航的帮助下去新的地方旅游度假，不过，这种情况一般也很少发生了。

我们的世界仿佛已经被绘制完成了，很难找到空间和时间可以用来探险。

但有时候，我们发现自己是在探索某片区域，而不仅仅是途经它。每天跑步时，我都很享受寻找新路线的乐趣：走一条小路，只是为了看看它们通向何方；沿途发现意想不到的事物——孔雀围栏、长满杂草的雕塑、废弃的教堂……看到道路如何连接和交会，找到通往熟悉地点的新路线，这些体验都让人着迷。

若能背上背包，走入安第斯山脉来一趟徒步，这当然很美好，但大多数时候我们难以选择这种方式来探险；但这并不意味着我不能每天都来一次小型冒险。

这同样适用于心灵的冒险。我喜欢创意研讨会和战略培训的刺激体验，但大多数时候我只需按时上班，完成工作。

这本书希望将探索性思维带入我们的日常生活和工作，使我们可以每天挤出几分钟做探险家而不是生存者。

为什么这么做？我可以给你三个理由：

一、这很有趣，会是个很好的开始。

二、我们生活的世界瞬息万变，若用其他的思维方式来应对会十分艰险。

三、我们内在有一种倾向，只看到我们想看的东西，而忽视近在咫尺的事实。这意味着，我们习惯做出的反应保守地说也是无益的，而最糟糕的情况下，可能会对自己和他人造成伤害。

当我们要去探索新地点的时候，经常加入他人组织的探险队，成为其中的一员——我第一次探索澳大利亚内陆时，采取的就是这样的方式，这也非常有趣。同样地，当我们进行认知层面的探索时——如开始尝试创造性思考、问题解决、情商练习、愿景构想时，通常可以在专家的陪同下进行，他们可以促进和指导我们的工作。

这很棒……但当他们离开后，你只能继续自己来完成这些工作。

好消息是，一旦你拥有正确的心态，并掌握了一些技巧，探索性写作（也就是你将在本书中体验的写作方式）就会成为一种随时都能帮助你进入深度思考、创意工作的方式。甚至有时，你可以在并无主观意愿的情况下进入这样的状态。

在某种意义上，若能养成探索性写作的习惯，便可以很好地补充你已经掌握或将要学习的自我发展工具。无论何时何地，一次探索性写作都可以让你即刻进入一场量身定制的个人工作坊，甚至是静修。

我是如何发现探索性写作的（或者说它是如何发现了我）？

在我们继续讨论之前，我想先告诉你，我如何发现了探索性写作的非凡力量，这完全是出于偶然。*

---

* 有关这个故事的更多信息，请参考我的 TEDx 演讲《让我们重新思考写作》(https://youtu.be/59sjUm0EAcM)。

引言

在我离开企业，开始创业后不久，有段时间现金流看起来十分不稳定，有一个晚上，我在深夜惊醒，浑身冒冷汗。凌晨三点的现金流挑战似乎是生活崩溃的开始。我的心跳加快，喉咙发紧，头晕发热，浑身湿漉漉的。如果我还有任何理性的想法，那就是："我到底做了些什么？"

在这种无言的恐慌状态下，什么都不做是不可能的，所以我做了那时我想到的事情：我拿起一张 A4 纸，开始写字。那是一团糟——如同纸上的嚎叫，但后来我开始写下我注意到的身体上发生的事情：恐慌的感觉是什么，我在哪里感受到它。当我写下这些时，我感觉到我的状态在改变——我的思绪开始放慢，逐渐与书写的速度一致，我的呼吸平稳下来，我开始感到更冷静，也更平静了。

老实说，这已经足够了。

但当我接着写的时候，一些更奇妙的事情发生了：我有了一个想法。我发现自己正写到"我想知道如果……"，几分钟后，我就有了一个几乎完全成熟的新计划，这个计划在几周后启动了，帮助我解决了现金流的问题。

在短短五分钟的时间里，这种原始、混乱的写作已经改变了我的焦虑，让我接近内在的资源和智慧。我问自己："刚才发生了什么？"

发生的事情是：我发现了探索性写作的力量——这是只为自己，而不为任何其他人而进行的写作；是即使我不知道自己想要说什么，也要继续 写作。起初，我只是把自己的想法写在纸上，但在这个过程中，它帮我解锁了以前没有意识到的想法和见解，并帮助我厘清混乱的思绪，让我能够连接到更多资源，更有效地处理问题。

在接下来的几周里，每当我对某事感到不确定或焦虑，或者不知道如何回答一个问题时，我就尝试坐下来以这种方式写作。每一次，这个方法都奏效了。我感觉像是找到了霍格沃茨学院的有求必应屋，你需要时，它就在那里，里面装满了你当时需要的东西，但大多数人都不知道它的存在。

就像哈利·波特很快发现了有求必应屋，虽然对我来说，这个方式是全新的，但并不意味着我是第一个发现它的人。许多来自各种背景的人，都不经意地发现了这一点，并写下了相关文章。在他们当中有创意写作老师、治疗师、心理学家、学习专家等，但还很少有从事商业的人士。

本书旨在弥补这一缺失。如果你是一名领导者或企业家，或者坦白说，只要你需要应对现代工作和生活的问题，探索性写作都将是你所掌握的最灵活、最轻便的工具之一，可以用来感知、创造、合作、管理压力，以及更有效地进行沟通。

在这本书中，我特意将关注点放在日常工作和生活上。如果你想学习如何利用写作来应对创伤或心理疾病，可以在参考书目中看到许多由更有资质的专家撰写的书籍，这些书籍会对你有所帮助。

但如果你正在努力应对日常的挫折——你来对地方了。我希望你也能发现一张空白页面能带来哪些自由和可能性；发现在你开始写下一句话，却还不知道会怎么结束时的兴奋；发现无人监视时，你可以写下任何东西——这种颠覆性创造会带来怎样的乐趣。

自从我第一次发现探索性写作的力量以来，我已经开发了一套更明确的方法论，并附有提示和工具，以便于向他人传授，但本质上，这是一次脱离常规和条条框框的冒险：如何进行探索性写作完全取决于你自己。你可以自由尝试、看看哪种方法有效，享受其中的乐趣。在现代生活中，我们很少有机会打破规则，所以，欢迎你前来一试。

请记住，哈利·波特教授同学们高级魔法技巧的地点是有求必应屋，他们需要这些魔法来应对所面临的威胁。你的魔杖可能是一支 HB 铅笔或一支廉价圆珠笔，但它同样强大。它可以为我们人类如今面临的一些最困难的问题提供解决方案：我们一方面感到压力巨大、注意力不集中、

引　言

自我怀疑，另一方面却充满不必要的自信，缺乏对他人和自己的同理心，无法看到他人的观点或事情的其他解释。

这是一个宏大的声明，在接下来的篇幅中，我将尽力去论证。

但说实话，如果你读到这里就合上这本书，明白在不知道想说什么时，简单地开始写作就可以为你带来新发现，并开始在日常生活中使用这个方法，我作为作者，就已经心满意足了。

（但是请不要这样做，接下来书中还会讲到一些非常棒的内容。）

让我们再走近一步，看看这个日常生活中的魔法。人类过去是如何利用它的？它为什么有效？你可以如何利用它，让生活和工作变得更美好？

除你武器！（Exploriamus!）[*]

---

[*] 译注：Exploriamus 是《哈利·波特》中使用的魔法咒语，意思是"除你武器"。在决斗时向对方施展这一魔法后，对方的魔杖会飞到施展者的手里，并顺从于施展者。

第1部分
发现探索性写作

第1部分将对我们要进行的探险做一个概览介绍。

第1章:"重新发现这一页"意味着什么?

第2章:探索性写作背后的科学是什么——为什么你应该一试?

第3章:你已经知道如何写作了,成为纸页间的探险家又意味着什么呢?

第4章:探讨了在工作危机背景下这些问题的重要性。

第1章

重新发现这一页

"艾莉森,这并不是什么前沿技术,对吧?我已经写作多年了……"

如果你从事商务工作,可能会有海量内容需要写作。你要写电子邮件、销售文案、报告、执行摘要、博客文章、运营文件、备忘录等等。每次写作时,你都在试图告知和/或影响你的读者。实际上,你在完成任务。

我希望你在这里有机会以完全不同的方式看待写作。我希望你把空白的页面看作未开发的领域,一个让你探索**未知**的机会,而不仅仅用来表达你**已知**的东西,这不是一个公共表演的空间。

我从2016年开始制作《非凡商业图书俱乐部》播客,当时我的初衷是深入了解商业图书写作过程(坦率地说,我从中获得的收益跟我的听众获得的一样多)。自那时起,我已经与数百位成功的作者交谈过,当然,他们提供了许多实用建议,告诉我们可以如何写出优秀图书,以及如何营销和利用这些图书。但我很快注意到了一件预料之外的事情:几乎每位作者都说,他们写作的目的不是为了交流,而是为了帮助自己思考。

微软前首席构想官戴夫·科普林(Dave Coplin)说:"对我来说,当我试图创造、改变，或者以不同的方式思考某个问题时，写作就是我厘清思绪的方式……最终我会得出一些清晰、精确、可操作的想法，能够推动事情向前发展。"*

多本《纽约时报》畅销书的作者丹·平克（Dan Pink），也有类似的看法："写作是一种澄清问题的方式。事实上，对我来说，有时它必不可少。如果有人问'你对这个有什么看法'，我会回答：'我不知道，我还没有写过。'"**

作家和图书写作教练凯西·伦岑布林克（Cathy Rentzenbrink）这样表述："写作提供了一个空间，让你可以花大量时间搞清楚你在思考什么，有什么感受，然后再去面对与他人分享这些观点的诱惑或义务。"***

一些作者甚至走得更远：他们告诉我，他们写作不仅是为了澄清自己的思绪，也是为了更深入地进入到前言语思维的模糊领域，在那里充满了印象、感觉、想法。

教练和作家迈克尔·尼尔（Michael Neill）的表达可能最富有诗意："写作迫使我赋予无形以形式……它让我用文字表达音乐。然后我就有了一首歌……我可以体验它，当我用文字表达时我可以看到它，然后我想尽快忘记这些文字，回到生活中去。回到生活中的写作也变得更加丰富。"****

---

* 非凡商业图书俱乐部播客，第 245 集（https://extraordinarybusinessbooks.com/episode-245-sorting-the-spaghetti-with-dave-coplin/）。

** 非凡商业图书俱乐部播客，第 318 集（https://extraordinarybusinessbooks.com/episode-318-the-power-of-regret-with-daniel-h-pink/）。

*** 非凡商业读书俱乐部播客，第 308 集（http://extraordinarybusinessbooks.com/episode-302-writing-it-all-downwith-cathy-rentzenbrink/）。

**** 非凡商业读书俱乐部播客，第 11 集（http://extraordinarybusinessbooks.com/ ebbc-episode-11-the-space-within-with-michael-neill/）。

显然，许多写作者认为，当谈到交流时，写作过程与思考同样重要，甚至更重要。

但他们的观点是正确的吗？现在我想邀请你来一睹魔法背后的科学——当我们进行探索性写作时，我们的大脑在经历什么？

第 2 章

魔法背后的科学

如果你想理解为什么探索性写作值得你花时间和精力去尝试，为什么这种方法有效，那么我们需要学习一点浅显的神经科学。如果我们能更好地理解大脑运作的过程，就会更容易明白我们可以如何利用探索性写作，来支持大脑以有益的方式工作，同时减少那些无益的大脑运作倾向。

我相信探索性写作包含四个关键的神经学维度，可以令它有效地改善生活和工作。

它可以作为一个**外接硬盘**，扩充我们的大脑容量，令大脑集中精力处理重要的工作，不会分心。

它能够**连通**大脑的不同反应区域，并发挥**调节**作用。

它能够让我们利用**本能**来**阐释**现象，这是我们大脑的一个怪癖，意味着提出的问题可以带来非凡的结果。

它能够释放大脑的秘密武器——**讲故事**——这可以帮助我们建构意义。

外部硬盘

写作在此方面的神经学基础发挥着根本性作用，因为这正是写作存在的原因：最早期的写作形式本质上就是大脑的外接硬盘，为大脑扩充容量。我们的大脑，或者你也可以称为"湿件"（wetware），是非常复杂的系统，它灵活而富有创造力，远比我们目前能设计出的任何技术设备都更先进；但它也确实有局限性，它的存储容量有限（对此有不同的见解，但研究表明我们通常只能在工作记忆中保留三到五个项目*），当然，大脑也容易受到损坏、腐烂和死亡的影响。

语言，特别是书写，能够帮助人类克服这些限制，成为当今世界的主宰。当我们发现如何把事情写下来时，就超越了自身大脑的限制。我们可以进行复杂的数学运算，建立法律体系，组织超出自己亲缘关系的团体，协调城市建设和国际贸易等活动，更不用说发动战争了。

但正如尤瓦尔·诺亚·赫拉利（Yuval Noah Harari）在《人类简史》中指出的，一旦我们开始积累书面信息，就很快需要开发管理信息的方法。如果没有检索系统——目录、索引、档案——让我们能在需要时重新找到文件，那这些信息可能也就无声无息地消失了。

人类大脑的碳基检索系统并不是值得美国国会图书馆效仿的典范。大脑里的信息一团混沌。赫拉利给出了一个非常贴切的例子：

在大脑中，所有数据都是自由关联的。我和配偶一起去签署新家的抵押贷款合同时，想起了我们一起生活的第一个地方，这让我想起了我们在新奥尔良的蜜月，接下来又让我想到鳄鱼以及龙，接下来我想到的

---

* 纳尔逊·考恩.神奇的神秘四：工作记忆容量是如何受到限制的，为什么？[J]. 心理科学的当前方向, 2010, 19（1）：51 - 57. https:// doi.org/ 10.1177/ 0963721409359277.

探索性写作

是《尼伯龙根的指环》,突然间,在我意识到之前,我已经在对着一位困惑的银行职员哼唱齐格弗里德主题曲了。在层级式的结构里,事情必须分门别类:一个抽屉里是家庭抵押贷款,另一个抽屉放结婚证书,第三个抽屉放税务登记资料,第四个抽屉里是诉讼资料。否则,你怎么才能找到任何东西呢?*

是的,我们需要为事物分别准备贴有明确标签的抽屉,这样其他人才能找到东西。(在我们第一次存放东西的几个月后,甚至我们自己也需要这些标签。)

然而,这个分层体系虽然是将大脑外部化所必需的应对机制,但不可避免地会影响我们将思维诉诸纸面的方式。由于我们习惯于以他人能理解的方式写作,因此在写作时也会自动遵循符合文化习惯的层级规则。我们聚焦于某个主题,用标题、副标题和有助于建立关系的短语来标记我们的论点,比如"这清楚地表明……"或"然而……",我们每完成一部分写作,就停下来查看,确保我们的观点仍然有意义,以及读者仍然跟得上我们的思路。如果出现了貌似诱人的分叉路时,我们通常会克制它的诱惑——这只会令我们的写作变得混乱。

我们的颅骨形成了一条分界线。在颅骨内部,是自由联想式的一团混乱;而在外部,当我们准备向他人展示我们的想法时,会将事物整理到一个个小盒子里,并在其间建立起逻辑关联。

探索性写作为二者提供了一个引人注目的接口,允许那些通常藏在大脑里的无形的、看不见的、无拘无束的认知在进入这个世界之前,能保存在一个安全、私密的空间里,让我们可以好好地审视一番。这是一个宝贵的中转站,连接着我们在前语言水平上的感知和最终要传达给他人的信息。

---

* 尤瓦尔·诺亚·赫拉利,《人类简史》(温特吉出版社,2015年),第150页。

第2章 魔法背后的科学

若将层级体系的比喻引申到极致,可以将探索性写作看作一个"收件箱",里面存放的是由潜意识的"驿站"以各种形式发送的随机讯息,随时等待"理智"职员前来分类整理。

(不过,这个收件箱更像是一个培养皿:在等待处理的过程中,里面的思维会以新鲜有趣的方式生长或结合。有时候它们可能太脆弱而无法存活,就会悄然消逝。这也没问题。)

但是你可能会问,我们不是已经有了很多现代化的方法来解决这个问题吗?我们有大量的外部存储和检索系统来支持我们的大脑,这些都比老式的收件箱聪明得多。今天,几乎每个人都在利用技术来补充自己的认知能力:我们用在线日历、待办事项列表和智能助手来组织日常生活;我们通过搜索工具获取信息,而不是把所有信息都记在大脑里;我们使用设计成熟的同步工具与他人交流和协作。

我绝对相信,开发这些技术工具的初衷是为了支持我们的思维和心智加工过程,就像数千年前的书写所发挥的作用一样。

不同之处在于,屏幕与纸张不同,它会背离初衷,阻碍我们的工作。我们炫酷的新科技工具对我们造成的损害至少和给我们的支持一样多。叮当声和铃声不断响起,跳出新的日历事件提醒或新的协同工作软件消息,这打断了我们真正想要做的"深度工作",而这些工具被创造出来,本是为了让我们有更多自由时间去完成这些深度工作。*

事实上,我们大多数人甚至不需要听到"叮"的一声:我们完全有能力在一小时内多次打断自己去查看屏幕。下面,我将更详细地讨论注意力问题,因为这个话题非常重要,但现在,我们要知道,与一些更"先进"的炫酷技术相比,在纸上书写这种古老的做法可能对人类更为友

---

* 卡尔·纽波特,《深度工作:在分心的世界中集中精神的成功法则》(皮亚特库斯出版社,2016年)。

善——后者拥有大脑外接驱动器的所有好处，却没有任何新技术的缺点，这些新技术每分每秒都在试图将我们的注意力转化为金钱。

连 接 大 脑

我们谈论"大脑"时，好像在把它当成一个统一的实体来看待，但其实不然。心理学家史蒂夫·彼得斯（Steve Peters）在《大猩猩悖论》*一书中，通过明确大脑的三种核心功能，将大脑令人难以置信的复杂结构做了极大简化：

人类脑（理性脑）——前额部分，主导意识，具有好奇心、理性、同理心，寻求意义和目的。我们习惯认为它始终掌控一切。

黑猩猩脑（动物脑/本能脑/情绪脑）——更原始的边缘区域，受情绪和本能驱使，反应迅速、贪婪、懒惰，比人类脑（理性脑）行动更加迅速。

计算机脑——顶叶区，储存我们生活经验中由前两个系统相互作用所产生的信念和行为。黑猩猩脑和人类脑能访问计算机脑，我们可以通过养成习惯，有意识地为计算机脑"编程"，以帮助我们做出更好的选择。

这意味着，我们第一个念头通常不是实际上最有帮助的。黑猩猩脑通常比人类脑反应更快，它对恐惧、愤怒和羞耻等负面诱因十分敏感，会做出情绪反应。人类脑若要介入大脑边缘的反应过程，需要花费时间和精力——而此时损害往往已经发生了。

---

* 史蒂夫·彼得斯，《黑猩猩悖论：帮助你实现成功、自信和幸福的心灵管理计划》（埃伯里出版社，2012 年）。

我们的黑猩猩脑经常用消极的自我对话来干扰我们的思考——当我们感到受到威胁时会做出攻击,感到害怕时会坚信自己做不了任何事,我们会拖延要做的重要工作,在压力下把一切弄得一团糟。

我们无法摆脱黑猩猩脑以及伴随而来的恐惧和消极思维,但可以学会管理这些思维。

从神经学的角度来看,探索性写作就是创造大脑的边缘系统(黑猩猩脑)与理性区域(人类脑)之间的连接,帮助我们从高度焦虑的状态转变为能更有效地进行决断的状态。这是我在多年以前的那个凌晨三点发现的,我通过写作,摆脱了"非战即逃"的反应,进入一种更高效、更平静、更有创造力的状态。

安吉拉·达克沃斯(Angela Duckworth)在与科罗拉多州的神经科学家史蒂夫·迈尔(Steve Maier)的一次对话中,对大脑不同区域之间的相互作用进行了有趣的探讨。她请史蒂夫·迈尔解释什么是"希望背后的神经生物学"。

史蒂夫思考了一会儿,然后说:"简单地说,我们大脑中的很多区域,如杏仁核,会对不愉快的经历做出反应。这些边缘结构受到前额叶等高级大脑区域的调节。如果你有一个评估、观点或信念(无论你怎么称呼它),相当于在说'等一下,我可以做点什么!'或者'这真的没那么糟糕!',或其他类似的话,随后,大脑皮层中的抑制结构被激活,发出这样的讯息:'冷静!不要那么激动。我们来想想怎么办。'"[*]

与单纯的思考相比,写作可以为我们提供所需的时间和空间,让大脑的高级区域发挥作用,调节恐慌的"黑猩猩脑",让我们成为更有希望、更快乐的人。

---

[*] 安吉拉·达克沃斯,《坚毅:热情和坚持的力量》(红宝石出版社,2017年),第189页。

本能阐释

昨天你午餐吃了什么？

就在刚过去的几纳秒里，你不得不停止阅读，因为这个问题"劫持"了你的大脑。你刚刚浪费了一小部分一去不回的时间，回忆昨天的午餐。为什么会这样？因为"本能阐释"，这种神奇的心理反射在起作用。*

我们的大脑在被问到一个问题时，会不由自主地想找到一个答案。这个问题可能极有价值，也可能毫无意义：本能阐释无法区分两者之间的差异。大多数时候，我们几乎没有意识到我们在不断问自己问题；探索性写作将这些问题显化出来，这有助于我们更明智地对待这些问题。这很重要，因为愚蠢的问题通常会产生愚蠢的答案。

如果你问自己一个类似这样的问题，比如"为什么我这么没有条理"，你会想出很多答案，但这些答案可能都不会对你有什么帮助。

如果你把这个问题变得更聪明一点，问自己"今天我可以做一件什么事情，来变得更有条理"，那么你就会有所进展。这个原则是探索性写作的基础，因为当你的思绪在毫无意义的循环中打转时，可以通过提一个好问题来启动一次探索性写作，从而将自己的大脑带出这个循环。

有一次，我带着爱犬索夏去参加猎犬训练课程。索夏是一只斯宾格尔和边境牧羊犬的混血犬，它很容易分心。训练课程中有一堂课的内容是叼回假人。教练拿着要叼回来的假人站在远处，然后把它丢到草丛中。我的任务是蹲在索夏身边，用手臂指向落点的方向，示意它要找到假人落地的方向。一旦我确信它对准了方向，就松开它，喊道："去捡回

---

* 哥伦比亚大学商学院决策科学中心，"想知道你的大脑在听到问题时会做什么吗？"网址：www8.gsb.columbia.edu/decisionsciences/newsn/5051/want-to-know-what-your-brain-does-when-it-hears-a-question（访问日期：2022 年 1 月 23 日）。

来!"然后看着它径直跑向那个地点。(当然,它要花一些时间才能把假人带回来)。问题的关键在于,如果我们有意识地选择一个好的提示问题,并把它写在一张纸的顶端,就会起到类似的作用,这可以帮助你将易于分心的大脑调整到正确的位置,在有用的方向上探寻答案。

毕竟,既然我们拥有这样的心理反射机制,就最好善加利用,对吧?

讲故事的大脑

我们通常意识不到我们在脑海的私密空间中提出的问题,与此相似,我们也常常意识不到我们在大脑中给自己讲的故事。我们常认为叙事是小说家和编剧的专属领域,但在最根本的层面上,我们都是天生的说故事人。我们处理经验并创造意义的唯一方式,就是有意识或无意识地构建故事。从醒来到入睡的每一刻,我们都在给自己讲故事——甚至入睡之后都在继续这个过程:我们以叙述的方式加工我们在这个世界中的经验,以至于我们在睡觉时也这样做("梦"只是"无意识地讲故事"的另一个说法)。

现在你的大脑正在阅读这本书,并在跟随我的论述(希望如此!)。但是,如果你暂时放下这本书,去泡一杯茶——试试吧,你知道你想这么做——就会发现你的大脑会很快切换回默认模式:开始自言自语,讲一些或多或少无关紧要的故事。若大脑空闲下来,"自传式自我"就会接管。*

---

* 这个术语源自心理学家安东尼奥·达马西奥关于意识的理论,并广泛使用于其他场合。参见达马西奥,"探讨意识的生物学",《英国皇家学会哲学论文集》1998年, 353(1377), 1879-1882。

通过故事，我们可以演练生活事件，并整合所学内容。故事使我们通过创建更复杂的神经通路来存储更多信息（1969 年的一项研究表明，当我们听到以叙述方式呈现的项目而不是简单的列表信息时，我们的长期记忆力可增加多达 7 倍*）。故事是为我们在世界中导航的地图，若没有故事，我们根本无法发挥功能。

但故事也可能存在问题，因为我们会开始相信我们创造的故事，把它们与真实世界混为一谈。我们想要看到模式，制造确定性。当我们的感性大脑做出决定时，理性大脑就会努力解释，编造一个合适的故事，我们称之为"真相"。

就像这个关于鱼的老笑话：

有两条小鱼在游泳，它们碰巧遇到一条年长一点的鱼从对面游来，年长的鱼向它们点头致意，说道："早上好，孩子们。水怎么样？"两条年轻的鱼继续游了一会儿，最后，其中一条鱼看向另一条鱼，问道："到底什么是水？"**

我们的处境也与这两条鱼相似，大脑在我们耳边喋喋不休，一刻不停地讲着故事，思绪飞逝如闪电一般。这就是我们的水。大多数时候，我们甚至都注意不到那些喋喋不休的话语、那些故事，而当我们注意到时，却将它们视为真理。我们告诉自己："事实就是如此，世界就是这样。"

然而，我们接触世界的唯一途径是我们的感知和思维。如果让两个人讲述同一个事件，你会听到两个截然不同的故事。在这种情况下，你

---

* 戈登·H. 鲍尔和迈克尔·C. 克拉克，"作为序列学习中介的叙事故事"，《心理科学》1969 年；14，181-182。

** 选自大卫·福斯特·华莱士在 2005 年肯尼恩学院的毕业典礼上的讲话。可以在这里阅读全文：https://fs.blog/david-foster-wallace-this-is-water/（访问日期：2022 年 8 月 10 日）。

作为一个观察者，可以评估这些故事的相对"真实性"，理解为什么一个人会做出那样的反应，也许你还能看到双方的立场。但我们并不能以客观的态度，冷静地观察自己的经历。

探索性写作让我们能暂时跳出水面，观察自己的思维和感知，看到它们真实的样子——这只是理解世界的一种方式。正如迈克尔·尼尔（Michael Neil）所说："我们认为自己正在体验现实，实际上我们正在体验的是自己的思想。"[*]

探索性写作还可以帮助我们显化自己的故事，这是决定它们是否有帮助的第一步。它还让我们思考新的故事，让我们看到其他可能性和其他选择，从而产生不同的结果。就像小说家创造虚构世界一样，我们可以在纸上为自己创造新的可能的未来，而这一行为本身就可以改变我们的心态，因为它可以转化为能动性。

当然，我无法在一章中就讲完写作和神经学的整个故事，但希望这个简短的介绍能让你相信，探索性写作可以对我们的生活体验产生强大的影响，并且你也已经准备好开始自己的探索了。在启程之前，我们先来谈谈需要秉持的心态和要准备的基本工具。

---

[*] 迈克尔·尼尔，《从内到外的生活和爱》。可从 www.michaelneill.org/pdfs/Living_and_Loving_From_the_Inside_Out.pdf 获取（访问日期：2022年8月10日）。

第 3 章

成为一名探险家

任何探险家在远征之前，都需要做一些准备工作。虽然在空白页面上工作时，你不需要什么专业设备或后勤支持，但像任何形式的冒险一样，最重要的准备工作是将自己的头脑调整到合适的状态，迎接即将到来的挑战。

探险家的心态

当你在工作时间进行常规写作时，通常并未处于探索模式。在开始写作之前，你对要传达的内容已经有了较为完善的构想，你的重点是如何清晰地将自己的想法传达给读者，并尽可能地获得你期望的回应。

这就好像你站在比赛的起跑线上：你清楚地知道自己要做什么，赛道就在你眼前，你的工作就是尽可能高效地完成这场比赛。如果你能获得某种类似奖牌的奖励，那就更好了。

然而，当你坐下来开始探索性写作时，这种竞赛心态就毫无用处了。

探索的全部意义就在于：你并不知道前方的路线。因此，这种写作不是为了表现，而是为了发现。

许多人都试图准确描述探险家心态都包括哪些要素，大家在一些关键原则上达成了普遍共识：好奇心、谦逊、适应性和幽默感。

如果你要在暴风雪中徒步穿越北极，这些特质当然至关重要，但它们也有助于应对日常生活的挑战，比如：在工作中处理棘手的人际关系问题，或者尝试建立新的事业。它们对于隐喻性的探险——探索性写作，也同样有帮助。

让我们依次看看它们各自的作用。

好奇心

如果说探险家有什么决定性特征的话，那肯定是好奇心。无论问题是"我想知道这座山的另一边是什么""我想知道地球是否真的是半的"，还是"我想知道我是否能穿着旱冰鞋滑到北极"，几乎每个探险家都是在好奇心的驱使下决定去探险的。

但是，好奇心不仅仅让我们开始探索，也让我们能够直面探索中固有的挑战，而不是惊慌失措地逃跑。

它给了我们格雷斯·马歇尔（Grace Marshall）所说的"更好的看待问题的方式"：

恐惧说：该死！有事情发生了！

好奇心说：哇！有事情发生了！

恐惧说：危险！

好奇心说：那很有趣！

恐惧说：不要去那里。

探索性写作

好奇心说：让我们再仔细看看。*

大多数创意都源于好奇心，而探索性写作提供了一个空间，让我们可以小规模地进行日常演练。因为纸页是一个安全的空间，风险很低，不会损害我们的生命、身体或名誉。这使得有益的好奇心更容易掌控局面，并将对恐惧的自动化反射转化为探究事实、拓展世界的探索。

谦逊

谦逊是学习的基础，这代表你愿意考虑自己犯错的可能性，承认可能有更好的做事方式。矛盾的是，这其实是内心自信的表现：最缺少安全感的人才会最强烈地抵制自己可能出错的想法。坦然面对错误的心态正是心理学家卡罗尔·德韦克（Carol Dweck）所称的"成长型思维模式"的根本所在。那些持固定思维模式的人认为批评和他人的成功都是威胁，而具备成长型思维模式的人会将二者均视为学习的机会。**

对于商业领袖来说，谦逊的品质变得越来越重要，现代世界高度复杂，瞬息万变，这意味着，没有人能永远知道所有答案。这需要我们谦虚而不固执地秉持自己的信念，同时征求他人的意见，这不仅对于成功而言至关重要，对于生存也是如此。以谦逊的态度进行探索性写作，意味着愿意探索看待问题的其他方式，也愿意向他人学习，即使你并不太喜欢他们。

埃德加·谢恩（Edgar Schein）创造了"谦逊探询"这个术语，指的

---

* 格雷斯·马歇尔，《奋斗：生活中糟糕时刻里隐藏的意想不到的真相、美丽和机遇》（实用启发出版社，2021年），第52页。

** 卡罗尔·德韦克，《心态：成功的新心理学》（巴兰坦图书，2007年）。

是一种提问的艺术——提出答案未知的问题,其目的是引出问题,并与他人建立关系。*这是一种行之有效的策略,有助于更好地带领团队、做出决策。在探索性写作中,"他人"就是你自己,但原则是相同的:谦逊让探险者能够接受现实可能与自己的想象不同,他们可能需要根据所发现的情况改变计划,甚至改变自己对世界的看法。

适应性

自人类诞生以来,所有探险都有一个共同特点,就是没有一次探险能完全按计划进行。这并不奇怪,这是探险本身的性质决定的:在前方未知的情况下,就不可能有确定的计划。因此,探险者家在尽可能严谨地准备的同时,也必须接受这样的事实:在某个时刻会发生意想不到的事情,而他们必须相应地进行调整。

当"忍耐号"明显即将被冰雪压垮时,欧内斯特·沙克尔顿(Ernest Shackleton)将他的探险任务改为救援任务,全身心投入,致力于把队员们安全地带回家,这一举措广为人知。在队伍不得不放弃船只,在附近的冰面上露营的那天,他在日记中写道:"一个人必须在旧目标消失时,立即为自己构建新目标。"**如果他把精力花在诅咒自己的运气,或试图挽救原来的计划上,就绝对不可能取得这一壮举;正是靠着即时调整的能力、适应性和韧性,沙克尔顿最终带领探险队安全归来。

---

* 埃德加·谢恩,《谦逊的探询:询问而非告知的温柔艺术》(贝瑞特-克勒出版社,2013年)。

** 欧内斯特·沙克尔顿爵士,《南方:沙克尔顿和忍耐号的最后一次南极探险》(沙克尔顿自己叙述的一个版本,由里昂出版社出版,1998年),第77页。

探索性写作

承诺改变计划是重要的一步,尤其是,如果需要说服其他人加入这次探险,就更需要取得这样的承诺。探索性写作让我们有无限的可能性来制订、测试和完善潜在的后备计划,而不受后果的影响。它还能帮助我们找到说服他人的方式,有理有据地论证这条新路值得一试。

幽默

你可能不会立刻将幽默视为探险家的典型特征:在面对暴风雪时,一般人都会面色严峻起来。但是,如果人们要在困难环境中长期相处,为了避免互相伤害,就不能忽视幽默的重要性。罗尔德·阿蒙森(Roald Amundsen)在他 1911 年所写的日记中称,他那位乐观的厨师阿道夫·林斯特伦(Adolf Lindstrom)为挪威极地探险队提供的服务比其他任何人都更好、更有价值。* 即使是独自在纸页间旅行的探险者,在遇到困难或事情未按计划进展时(参见:适应性),也可将幽默作为一种有用的工具。若能在任何黑暗的情况中都能找到幽默感,那么就能减轻我们感受到的压力。幽默还能让我们进入更具创造力和游戏性的状态,在这种状态下,你往往能找到解决方案和新创意。独自探索有一个巨大好处,就是你不需要担心会得罪其他人。因此,在你开始写作的探险之旅时,只要对你有帮助,就随时可以承认和接受荒谬或黑色幽默(就像任何一种幽默一样,如果它变得残忍,就不再好笑了)。

当你开始探索写作之旅时,值得牢记这四条原则:好奇心、谦逊、适应性和幽默。如果你从一开始就有意识地选择接受这些原则,那么随

---

* 引自托尔·博曼-拉尔斯,《罗尔德·阿蒙森》(历史出版社,2011 年),第 99 页。

着时间的推移，它们会逐渐变成你的习惯。这不仅会对你的写作产生巨大影响，也会极大地影响你的生活。

探险家的工具包

在出发之前，除了要准备好正确的心态之外，还要准备有一些更具体的装备，并牢记一些说明。

等一下——你可能会说——我以为探索性写作的整个重点就是你只需要一支笔和一张纸，而且不可能做错？那为什么我还需要一个装备清单和说明？

答案是：没错，从某种意义上来说，探索性写作并不复杂，没有"正确"或"错误"的方式，但是有些工具、想法，以及一些核心技能可以使练习带来更多收益和乐趣。

你不会在没有基本补给时进行任何探险，这些补给包括急救包、睡袋、帐篷、靴子、花生酱（可能只是我需要花生酱）——在进行探索性写作时，也有一些东西必不可少，它们并不是专业设备……

你需要什么？

- 一支钢笔或铅笔。
- 一大本乱糟糟的纸（下面会详细介绍）。
- 一个舒适的写作地点。

- 一个为自己计时的方式。

在写作的时间里,不要受到其他人或设备的干扰。

你可能还想要什么?

- 一个精致的笔记本,记录你的见解/行动,更便于展示。
- 茶。也许再来一块饼干。

什么时候写作?

随时都可以。你可以把它作为早起第一件事来完成,这可以帮助你为一天设定方向,免受其他人的任何干扰。晚间写作也是不错的选择,你可以用这个机会来反思和消化一天的经历。只要你感到需要一点空间,或需要更清晰的思考,就都是进行探索性写作的好时机。

要写多久?

这是一个好问题。一方面,当然与"何时写作"的答案类似,按你喜欢的方式来做就可以,并不是每次探索性写作都需要设定截止时间。但另一方面,我发现截止时间颇有助益,不仅因为这能够帮助我集中注意力,更快速地写作,而且因为速度是突破障碍最好的方式之一,如果能尽可能快速地写作，我们就更有可能突破我们已意识到的已知的领域，找到我们内心深处尚未被发现的宝藏。

对我来说，6分钟是我能保持真正的自由写作冲刺的时间上限，我指的是跟随思维的速度写作，不停顿，直到我的精力或手力将殆。

在开始每日探索性写作练习时，我为自己设定了每天10分钟的目标，结果发现失败的次数比成功的次数还多。在忙碌的一天里，我似乎很难抽出10分钟时间。

于是，我把目标缩短到5分钟——"无论你有多忙，艾莉森，你都能找到5分钟。"大多数时候我确实能做到。不仅如此，较短的时间限制能帮助我集中注意力，更快速地写作，因此也更自由。但问题在于，大多数人需要2-3分钟才能习惯探索性写作，这意味着如果你的写作时间只有5分钟，你只剩2-3分钟来写出好东西。（在这一点上，我发现写作有点像跑步：最初几分钟总是很糟糕。）

然后我读了吉莉·博尔顿的《反思性实践》*，她建议把6分钟作为最佳冲刺时间，我试过之后，就改变了自己的做法。6分钟感觉和5分钟差不多，也比较容易做到，但你能多出来整整一分钟来写下真正不错的内容。这是一个能带来高产出的60秒额外投资。

因此，我强烈建议你先设置一个6分钟的定时器，开始你的写作；当然，这**完全**取决于你。如果铃响后你还想继续，那就太好了。但你不必一定这样做。

---

* 吉莉·博尔顿与罗素·德尔德菲尔德，《反思性实践．写作与专业发展》第5版，（世哲出版社，2018年）。

多久写一次？

我很想再次回答：用你喜欢的任何方式都可以。

不过，让我来论证一下持续性的部分。我每天跑步，大多数时候我跑的距离不长，跑的速度也不快。但当我在 2022 年 7 月写下这些文字时，我已经连续跑步超过 1500 天了，而且我也不会中断，除非哪一天外界环境（不可避免地）迫使我停下来。在那之前，我都会毫不妥协地坚持这个习惯，它使我更快乐、更健康（而且我的狗比我更喜欢这个习惯）。

每天都做某事被称为"连击"。我有许多"连击项目"：我有意识地向自己承诺，每天都要保持这些习惯。每个习惯都反映了我想成为的人的某个侧面，包括身体上、心理上、社交上、精神上等等，而且没有一个习惯会花费太长时间，否则我就无法长期坚持下去。

大量心理学研究都告诉我们这一点，比如 B. J. 福格（B. J. Fogg）关于"微小习惯"的研究*以及詹姆斯·克利尔（James Clear）提出的"原子习惯"**，这种将微小改变嵌入常规习惯的方法是我们大多数人成功改善生活并持续进行改变的最佳途径。

当我做出坚持跑步的承诺时，就发生了一件有趣的事：我不再问自己"今天要跑步吗？"过去的答案常常是"不想跑"，而是问自己"今天**什么时候**跑步？"这是一个非常不同的决定。这需要一点点规划，而无需强大的意志力。因为我在坚持事先承诺的一件事，而在我们的心理工

---

* B. J. 福格，《微小习惯：改变一切的小变化》（温特吉出版社，2020 年）。

** 詹姆斯·克利尔，《原子习惯：养成良好习惯、改掉坏习惯的一种简单且经过验证的方法》（兰登书屋，2018 年）。

具包中，事先承诺是与完成任务相关的最好用的工具之一。

如果你觉得这可能有用，那么我鼓励你尝试一下探索性写作连击。一定要为自己找到一种记录方式——杰瑞·塞菲尔德（Jerry Seinfeld）有一个出名的做法，他在挂历上每天画一个叉；我使用Streaks这个应用程序来记录；你可以选择适合自己的方式。关键是，看到一连串不间断的日子有助于激励你保持这个连击链条。

为什么要用一摞破旧的纸来写作？我有很多精美的笔记本……

我喜欢笔记本。我书架上有几本笔记本太精美了，结果我从来不忍心在上面写字：我的想法永远都不够深刻，字迹也不够整洁，我没有足够的理由去破坏这些原始的页面。在探索性写作里，我们不希望有这种压力。探索性写作是原始的、混乱的和诚实的，你在开始写作时，需要确保其他人不会看到你写下的内容。

对我来说，探索性写作的最佳工具就是一大摞可重复利用的A4纸。这个工具经济实惠、不具威胁、临时机动、不会让我过度关注自己的表现，并且在纸上写作的过程可以让大脑和身体都参与其中，这会达到电脑键盘无法企及的效果。

我们完全赞成使用精美的笔记本，但最好不要用它们来做探索性写作，不过可以用它们记录从探索性写作中得出的、经过精心完善和整理的见解。（更详细的介绍请参见第14章。）

就这些了！这张清单并不繁重，也不昂贵，更不需要你花费太多时间，也不需要技术专长。即使你发现某一天的探索性写作尝试毫无收获，也只是浪费了 6 分钟和几张纸而已。

下一章也将是本书第一部分（介绍探索性写作）的最后一章。我想花点时间，专门聊聊工作领域的情况，并解释我为什么认为探索性写作是一个强大的工具，可以帮助我们在组织的各个层面应对挑战。

第 4 章

探索性写作与工作中的危机

试图在生活和工作之间划定人为界限其实不太有意义,不过,我们值得花些时间,专门关注探索性写作在工作场所可以如何发挥作用,因为无论是真实还是虚拟的工作场所,都具备下面的特征:

我们大多数人在这里度过最多的清醒时间;

我们每天都在这里,与并非我们主动选择的人进行多次互动;

我们最喜欢假装我们的人类脑掌控着这个地方;

这里目前面临着前所未有的幸福感和投入危机。

你可能觉得"危机"这个词有点危言耸听了,但很难否认,工作日的情况并不乐观。

首先,出现了"大辞职"现象,这个术语是由安东尼·克洛茨(Anthony Klotz)教授在 2021 年创造的,用来指代新冠疫情暴发后人们大规模辞职的现象。*这也许是因为人们发现自己更喜欢没有通勤和办公室政治的生活;也许是因为他们有了时间和空间更深入地思考人生的重大

---

* 引自阿丽安·科恩,"如何在大流行后的辞职高峰期辞去工作",彭博社,2021 年 5 月 10 日。存档可从 https://archive.ph/qJC76 获取(访问时间:2022 年 7 月 5 日)。

问题，并认定他们的工作不符合自己更广泛的价值观和目标；也许是因为不断加剧的生活成本危机使得开车通勤成了经济上不划算的选择；或者可能有完全不同的其他原因。

此外，事实上只有很少一部分员工积极投入自己的工作（根据盖洛普的估计，2021年上半年在全球范围的比例为20%，这个数字已经多年保持在这个水平了*），他们大部分时间都花在社交媒体上，而不是关注三年战略。即使他们试图专注于战略文件，也很可能会被老板发来的破坏生产力的私信或同事的电话所分心。

在过去十年中，与工作相关的压力持续增加**，这被归因于工作量增加、需要应对更多的干扰和不确定性增加等各种因素。在对困难关系、糟糕的领导方式和沟通方式的古老焦虑之上，又叠加了与技术变革速度相关的新焦虑。

企业每年都在解决这些问题上花费数十亿美元，包括变革管理项目、高管教练、领导力培训、员工福祉计划等。但正如你将在本书中读到的，探索性写作可以带来诸多收益，如增强投入感、问题解决能力、适应力和同理心等，特别适合应对这些复杂压力，而成本只占前者的一小部分。

还不相信吗？让我们看看探索性写作实践如何在工作场所发挥作用，如何以极少的时间投入产生非凡的结果，下面是三个非常实用的例子。

---

* 吉姆-哈特，"2021年上半年美国员工参与度保持稳定"，盖洛普，2021年7月29日。存档可从 https:// archive.ph/ guoOV 获取（访问日期：2022年7月5日）。

** 例如，根据2021年英国政府数据报告：卫生与安全执行局，"2021年英国工作相关压力、焦虑或抑郁统计数据"，2021年12月16日。可从 www.hse.gov.uk/ statistics/ causdis/ stress.pdf 获取（访问日期：2022年8月10日）。

第4章 探索性写作与工作中的危机

"隐形工作"与合作

对于数字时代之前的那一代人来说，如今我们的大部分工作内容似乎都非常奇怪。（我童年时的朋友的母亲每年都会给我母亲寄一张圣诞卡，一直持续到她去世。在她去世前的最后一张卡片上，她平淡地写道："保罗和艾莎都很好，都在做我不理解的工作。"）

"知识工作"曾经只属于少数几种专业工作者的范畴，如今，我们大多数人的工作都与之相关。这意味着我们在工作中花费大部分时间做两件事，要么试图令他人理解我们无形的想法，要么试图"看见"别人想让我们看到的无形之物。正如约翰·豪金斯（John Howkins）指出的那样，这并非易事："如果想法尚未成熟，就很难交给其他人继续工作。"*

接下来，豪金斯根据自己与格雷格·戴克（Greg Dyke）共同创办"第五频道"的经验，提出了一种实现这一目标的方式。戴克会写一封信或备忘录，试图在财务和技术方面简化手头的问题，以较清晰的方式进行沟通，然后，一个小团队会围坐在一起，对信息再加工，并在此过程中获得更清晰的理解。他指出："以公开方式讨论无形的工作是一个很好的方法。"**

在将无形化的思维具象化的过程中，探索性写作是一个宝贵的工具，因为它为团队的每个成员提供了空间，可以先"看见"自己的想法，之后再与其他人交流这些想法。

以下是在工作场所中应用探索性写作的一个非常实用的案例：在进行协作对话之前，团队成员在会议开始时先花几分钟时间自己书写：他们认为关键问题是什么？他们试图让同事们理解什么内容？哪些可能性

---

* 约翰·豪金斯，《隐形工作：办公室的未来在你的脑海中》（2021年），第131页。
** 同前，第139页。

探索性写作

对他们最有吸引力？

加入这个"预讨论"步骤很可能会使小组讨论更有成效，并且能让大家看到一些潜藏的顾虑，还会产生之前意识不到的想法。

多样性与包容性

在团队情境中使用探索性写作有一个强大的优势，它有助于创造更公平的竞争环境：传统会议和所谓的"头脑风暴"会议更有利于那些自信、神经典型*、外向的母语使用者，他们的学习风格更多是行动型而非反思型。这些早期贡献可以塑造和影响整个讨论。只需要给每个人几分钟时间，让他们用自己的语言并以自己喜好的方式书写，就能让大家都产生高质量的想法。这有助于在各个方面都体现包容性和多样性，并产生更广泛的想法用于评估，同时也有助于那些传统上处于行动边缘的人更多地参与到讨论中。

下面，我们举一个实际例子来展示如何以更包容的方式来使用探索性写作，我们可以来看看"预复盘"这个工具**，这是由加里·克莱因（Gary Klein）创造并由丹尼尔·卡尼曼（Daniel Kahneman）推广的一个术语。复盘有助于了解失败原因，正如尸检有助于了解死因一样，但这对于被研究对象来说已为时太晚；而在"预复盘"环节中，会邀请团队成员玩一个游戏：假设项目失败了，可能会是什么原因导致的？这完

---

* 译注：指未罹患孤独症、发展障碍等神经发育障碍的人群。

** 加里·克莱因，"执行一次项目预复盘"，《哈佛商业评论》，2007 年 9 月。可从 *https://hbr.org/2007/09/performing-aproject-premortem* 获取（访问日期：2022 年 8 月 10 日）。

全是假设的：没有人的声誉受到影响，没有人牵涉其中，因此，人们会更容易提出可能藏在心里的担忧。通过短暂的探索性写作冲刺，参与者有可能超越自己的即时想法，发现较为隐蔽的潜在问题，而这些问题往往是最致命的。这也使每个人都能贡献自己独特的洞察力和专业知识来共同解决问题，而不仅仅是由那些声音最大、意见最明确的成员来主导决策。

工作中的幸福感

员工福祉是领导者们热议的话题，其中一个主要原因是这个问题会对组织产生影响。2017年，英国政府委托专业机构编写了一份疫情前报告，发现："尽管有更多罹患心理健康问题的人在工作，但每年有30万长期罹患心理健康问题的人失去工作，而且失业率远高于那些罹患身体疾病的人……而且大约15%的在职人员存在心理健康问题的症状。"据估计，英国雇主每年支出的成本在330亿英镑至420亿英镑之间。*这种情况并未因新冠疫情而得到改善。根据英国慈善机构Mind的数据，每年有四分之一的人受到心理健康问题的困扰**，这表明领导者需要认真对待员工的福祉，不仅是因为他们要做良善之，还因为如果他们不这样做，

---

* "在工作中茁壮成长：史蒂文森/法默对心理健康状况和雇主的综述"，2017年。可从 https://assets.publishing.service.gov.uk/government/uploads/system/uploads/attachment_data/file/658145/thriving-at-work-stevenson-farmer-review.pdf 获取（访问日期：2022年8月10日）。

** Mind, "心理健康事实和统计数据"，2017年。可从 https://web.archive.org/web/20220508130219/https://www.mind.org.uk/media-a/2958/statistics-facts-2017.pdf 获取（访问日期：2022年8月10日）。

就会付出实际代价。

我将在第 11 章更详细地讨论探索性写作如何支持员工福祉,而现在我们需要注意到,2017 年报告中对雇主的建议包括"鼓励就心理健康与员工展开坦诚对话"。显而易见,探索性写作可以提供一个安全的空间,让人们开始表达难以说出的想法,从而促进成熟与开放的交流。

第 2 部分
页面内外的冒险

希望你现在已经准备好加入这次探险：你明白了为什么值得在这件事上花费时间和精力，你已经具备了探险家的心态，并准备好了基本装备的工具包。

现在，你就要开始探索性写作之旅了。在本节中，我将介绍一些你可以探索的方向——一系列可以在纸页上展开的冒险。我们将探讨以下内容：

第 5 章：能动性、意图和注意力——这三个原则相互交织在一起，是我们完成任何重要事务的基础；

第 6 章：意义建构——我们在不断建构叙事，但这个过程常常在无意识的状态下进行；

第 7 章：探询——一种更有目的性的提问方式；

第 8 章：玩乐——创造力的基础；

第 9 章：转化——隐喻有一种非凡的力量，可以帮助我们以不同的方式看待事物；

第 10 章：自我认识——更自在地与我们经常忽视的那些方面相处；

第 11 章：幸福——我们如何能够找到更多资源，来更好地应对每天面临的挑战。

请按照你自己的节奏探索，从任何地方开始都可以。在本节的大多数章节中，你会发现建议用来进行探索性写作冒险的提示，这些提示用一个"空白页面"的示意图来标记，就像这样☐。（但这些只是建议——如果你想用不同的提示或采取不同的方向来写作，都是可以的！）

第 5 章

能动性、意图和注意力的冒险

在第 2 章中,我们探讨了探索性写作的神经学基础——为什么它有效。在本章中,我们将进入探索性写作的具体应用,我们要把关注点从大脑硬件转移到心智软件上来,也就是研究心理学和哲学的层面。换句话说,搞清楚探索性写作为什么重要。

我相信有三个相互关联的基本原则在支持探索性写作发挥魔力:能动性、意图和注意力。就像所有心理和哲学术语一样,针对这些概念的讨论都相当激烈,但在本书中,我将使用这样的定义:

能动性:令事物发生的能力,对世界产生影响的能力。

意图:在今天或一生中的成千上万种可能中,你有意识地选择要让哪些事情发生。

注意力:将你的思维和精力集中在你选择的优先事项上,以一种持续和坚定的方式,实现你有意图完成的事情。

这些原则密不可分,相互依存:如果我们相信自己有能动性,就能将我们的意图集中于决定要做哪些尝试。这意味着我们更有可能通过保持注意力来完成这一尝试,无论需要多少周、多少个月,甚至多少年。

如果我们不相信自己的能动性,甚至不会尝试实现任何重要的事情。

如果我们在选择任务时没有带着特定意图，就将在生活中漫无目的地漂流。如果我们无法集中注意力完成我们选择的任务，我们就无法坚持下去。当这三者共同合作时，就会创造一个良性循环：当我们看到专注于我们选择追求的目标所带来的成果时，就会增加对自己能动性的感知。

我将这些原则称为基础原则，因为若没有这些原则，就不可能实现任何真正有价值的事情。

让我们依次看看它们如何帮助探索性写作。

能 动 性

我们在第 2 章中看到，写作让我们看到自己的故事。将我们与我们的思维分开，可以让我们能够在一定程度上有效地掌控思维：我们可以注意到我们正在向自己讲述的故事，对这些故事进行评估，并想象新的可能性；我们可以决定接受什么，拒绝什么；我们可以尝试思维实验。

我们日复一日经历的许多事情都超出了自己的控制范围，从他人的行为到天气再到生活成本危机。即使我们没有陷入疾病、贫困、虐待或歧视等真正令人失去力量的境遇中，大多数人仍然会有很多时间或多或少地感到无力，这是一种心灵失去能量的状态。

探索性写作使我们能够将页面转化为一个微小而无限的空间，在这里，我们可以获得完全的掌控——我们不需要向任何人负责；除非我们愿意，否则我们不受任何现实的限制；我们可以追随任何吸引我们的想法，并就任何我们选择的状态展开想象。你可能现在感觉无法站在满屋子的人面前做演讲，但你可以写下自己做这件事的过程，创作这种经历是一个可视化的过程，就像运动员在脑海中想象跨过了奥运会决赛终点

第5章　能动性、意图和注意力的冒险

线一样。

运动教练在过去几十年里一直在应用可视化的方式：当运动员在脑海中反复演练他们理想的结果时，就会触发与实际经历相似的大脑活动。可视化创造了一条新的神经通路，使运动员更有可能实现他们的目标，因为这会让他们以与预期结果一致的方式行动。*

也许你并不打算立即利用这种心理魔法赢得国际体育赛事（我知道我不会），但没有谁会限制你在生活的其他领域使用这种方式。你可以在纸上探索成功演讲、获得晋升、启动播客等目标的感受，无论你想要实现什么样的目标，即使看起来遥不可及，这个方法都可以帮助你感到更有可能实现目标。这种能动性的感受会很快转化为你的态度和行为，这无疑会带来更好的结果。

探索性写作创造了一个空间，让我们重新感受掌控自己经验的能力。梅根·海斯（Megan Hayes）称之为"自我创作"，她解释说："我们可以让事情发生的感受是非常强大的，写作就是在模拟这种感受，因为我们可以在纸上让事情发生，所以就更能理解它们的意义"。**

这种感觉有点像魔术。通常当有人完成他们的第一次冲刺式探索性写作时，就会略带恍惚地看着我，说："我不敢相信！"就好像他们刚刚看到自己从帽子里变出一只兔子一样（当然，若要用比喻的方式来形容他们刚刚的体验，几乎就是如此）。

我在开始几次尝试这个方法时，以为自己只是幸运才会写到一些有价值的东西，但在完成了二十多次冲刺式写作之后，我发现每一次都有

---

* 例如，参见克格·R.霍尔、黛安娜·E.麦克、阿兰·派维奥和希瑟·A.豪森布拉斯的文章"运动员使用的想象力：体育想象力问卷的发展"，《国际运动心理学杂志》1998年29卷1期，第73~89页。

** 非凡商业图书俱乐部播客，第287集（http://extraordinarybusinessbooks.com/episode-287-writing-and-happiness-with-megan-hayes/）。

所收获，于是意识到这幸运是由我自己创造的。这令人信心满满。你也会像我一样，开始意识到那些令你困惑的日常问题和情况是有答案的：你只需要一张纸这么大的空间和大约 6 分钟的时间，就可以找到这些答案。随着时间的推移，你会感到更有能力来应对新的、更具挑战性的问题和情况。

即使我们相信自己有能力采取有意义的行动，然而，我们完成任务所需的两个重要资源——意图和注意力——正遭受着来自现代生活和工作的无情打击。

意　　图

在确信你具备能动性，并确定你有能力采取有意义的行动之后，有一个问题凸显出来：你将采取什么行动？曲棍球明星韦恩·格雷茨基（Wayne Gretzky）曾指出：若不尝试射门，你就会错失 100% 的机会。因此，选择你将采取的行动决定着最终的结果。

设定意图需要有意识的思考，也需要一些勇气。毕竟，不出手要容易得多，因为这样就不会有失败的可能，也就不会产生尴尬和不舒服的感觉。如果不设定一个意图，你就可以和其他人一起坐在看台上观看比赛。这个位置更舒服，没有失败或受伤的风险，你还可以一边吃零食，一边批评球员的失误。

设定意图并付诸行动不仅会带来失败的可能性，而且意味着你有意识地将自己与那些满足于坐在看台上的人区分开来。这很困难，尤其是当你的身份与他们的身份捆绑在一起时更是如此。我们会想象他们说："你以为你是谁？""坐下，闭嘴。你就应该待在这儿，跟我们在一起。

第5章 能动性、意图和注意力的冒险

再来一个热狗吧。"

让别人为你设定意图要容易得多。毕竟，我们从小就在家里和教室里接受这样的教育。有人给我们分配任务，如果我们做得好，就会得到奖励。过去，大多数人被寄予的期待都是将这种态度延续到工作和生活中。但现在，越来越多的人被定义为"知识工作者"，他们脱离了公司，作为创业者或以兼职方式工作，与在生产线上工作的前辈相比，这样的工作更独立、更灵活、更自主。确立我们自己的意图已经变得前所未有的重要。

使问题更加复杂的是，我们必须在更多的选项中做出选择。如此之多的选项可能会让人寸步难行。如果你可以成为任何人，去任何地方，做任何事，你该如何决定？如果你做错了怎么办？社交媒体无情的审查意味着，失败比以往任何时候都更容易被人所知。总的来说，确定自己的意图是一种冒险。事实上，唯一比"做"更糟糕的就是"不做"。

再次强调，探索性写作为你提供了一个安全的空间，你可以在这里确定和检验自己的意图。你可以将这页纸当作一台时光机：如果你采取这一行动，五年后事情会是什么样子？如果你不这样做呢？你也可以在纸的中间画一条线，列出利弊，帮助自己明确评估内心的辩论。哪怕只是在纸上看到一个可能的行动方案，这个组织语言的过程也会让你感到有可能实现这个目标。

注 意 力

如果意图是选择采取特定的行动，那么注意力就是我们在其中投入的关注，无论是在当下还是在几周、几个月甚至几年的过程中，训练自

己所投入的关注。然而我们似乎正处于注意力危机之中。

其中一部分危机纯粹是"错失恐惧症"。选择关注一件事情意味着选择不再关注其他事情,当有那么多事情在争夺我们的注意力,而且有那么多营销费用投入到说服我们相信这些事情对我们的幸福是多么重要时,集中注意力就成为了一个挑战。

另一个原因是我们对电子设备上瘾——这个词并不过分。我相信你已经听说过这些统计数据:2018年的一份报告发现,智能手机用户平均每天与手机互动2 617次*。坦率地说,这让我们没有时间去做其他事情。我们的电子设备和上面运行的应用程序是由地球上一些最聪明的人设计的,目的就是赢得我们越来越多的注意力,并将其货币化。所以不要难过,你的胜算不大——问题不在你,而在他们。但是,如果要解决这个问题呢?在我们制定出适用于21世纪的技术规章制度之前,要靠你自己来解决。

在注意力危机中,有一个较少被讨论的因素是他人对我们的期待。我已经上了年纪,还记得那个使用内部办公备忘录的时代。这些备忘录装在一个棕色信封里,用绕在硬纸板扣子上的绳子固定。办公邮件车将备忘录递送给收件人需要一点时间,你的回复也需要一些时间。如果你正在忙于其他事情,会把这些备忘录放在一边,完成手头的工作再处理;如果事情紧急,对方会打电话或亲自来找你。

如今,我们的同事可以立即看到我们已经收到并阅读了他们的消息,这就产生了一种无言的义务,要我们快速回复,然后他们会继续回复,如此循环,好像这个桥段:"你先挂电话。""不,**你先挂电话**。"

在任何一天里,我们想要实现的目标往往都会被他人的需求所挟持,

---

* Dscout研究公司,《揭示我们对手机的痴迷》。网址 https://web.archive.org/web/20220507125042/https://dscout.com/people-nerds/mobile-touches(访问时间:2022年8月10日)。

第5章 能动性、意图和注意力的冒险

老实说，有时我们甚至会心存感激。英国诗人史蒂薇·史密斯（Stevie Smith）坐在桌前，渴望那个来自波洛克的人，这个人（据说）曾打断塞缪尔·泰勒·柯勒律治（Samuel Taylor Coleridge）狂热地写下服药后的幻象，创作《忽必烈汗》的过程：她承认："我渴望被打断。"* 我们有时不也是这样吗？这让我们摆脱困境。如果没有干扰出现，我们就没有理由不完成那首诗、那份报告、那个解决方案。也许这就是我们如此沉迷于查看手机的原因：我们也渴望那个来自波洛克的人出现，如果他不愿意出现在门口打扰我们，我们就会到短视频平台上去找他。

冥想之类的"内在工作"练习可以帮助我们加强专注力，但它们也有自身的挑战。也许你可以保持一种平静超然和与宇宙合一的心态超过30秒，但我知道我做不到。

我发现，即使像我这样容易分心，只能在纯粹的思维工作上保持很短时间的注意力的人，也能集中精神，完成6分钟的冲刺式写作。有两个原因让我可以做到这一点：

1. **它是离线的**。用纸笔进行探索性写作的这段时间让我们脱离了网络。没有人可以远程干扰我们；没有应用程序来争夺我们的注意力；我们不能轻易地转到谷歌，查找问题的答案，然后又因为突发新闻或是猫咪视频（承认吧，你看过那些猫咪视频）上损失一个小时的时间。同样重要的是，没有人可以追踪我们的击键记录或访问共享文档：我们可以自由地说任何我们想说的话，远离数字间谍的干扰。如果这让人感到具有颠覆性，那是因为事实确实如此。

2. **它帮助我们锚定注意力**。在我们的脑海中，思绪往往无休无止地盘旋，由于我们同一时间只能有一个想法，因此很难将注意力长时间集

---

* 史蒂薇·史密斯，《诗歌选集》中的《关于波洛克之人的思考》（企鹅现代经典，2002年），第232页。

探索性写作

中在一个想法上，来对它进行发展，即使在状态最好的时候也是如此。当我们获得一个灵感时，任何干扰，比如传入的消息提醒，都可能让它在一秒钟内烟消云散。将想法记录在纸上可以帮助我们展开思考，抓住线索，需要的话还可以倒带，回到重点。思考往往像是原地打转，写作则让我们感到向前推进。

这些原则听起来可能有些深奥，但每天进行探索性写作练习可以让我们将这些实践融入日常生活中。每天只需几分钟，就能够让我们与自己的能动性取得联结，实践我们的意图，并以一种简单的方式帮助我们将注意力集中在那些有意义的事情上，从而投入更多精力，完成那些重要的事。

第 6 章

意义构建中的冒险

在第 2 章中我们看到，大脑总会不由自主地编织故事，而探索性写作可以帮我们觉察到这些故事，并尝试构建新的叙事。故事乃是我们理解世界的方式，而更宏观的构建故事的过程则被称为意义构建。在构建意义时，我们会从经验中选取主要元素，并将这些经验串联起来，譬如：B 之所以发生，是因为有 A；如果 X，那么 Y。

我们习惯于阅读小说中精心编排的线性叙事，但探索性写作更加松散、更具联想性，也更加杂乱无章——因为正如我们在第 2 章所提到的，这就是我们大脑运行的方式。正如彼得·艾尔博（Peter Elbow）所说："我们的习惯性思考很少是逻辑严密的，反倒更多的是联想性的、类比的、隐喻性的。"[*]

因此，意义构建是一种原始叙事，它仅仅始于我们有意无意地选择需要关注的内容。通过探索性写作的过程，我们开始创建一种"连贯序列"的感觉，这些联想和类比帮助我们获得某种新的视角，并尝试进行

---

[*] 非凡商业图书俱乐部播客，第 312 集（http://extraordinarybusinessbooks.com/episode-312-free-writing-with-peter-elbow/）。

不同的诠释。正如卡尔·韦克（Karl Weick）在他具有里程碑意义的著作《组织中的意义构建》中所观察到的那样："当人们给自己的生活打上标点、把它讲成故事时，他们就为原本的一片混沌强加了形式上的秩序。"[*]

我们大部分构建意义的过程是在社交中发生的，在与他人的对话或者在团体的文化氛围中进行，通常不涉及太多意识层面的思考。我们善于讲故事的大脑可以毫不费力地将"经验"转化为"叙事"，我们对此甚至毫无察觉。

然而，探索性写作让我们得以在意识的边缘，也就是经验被转化为语言、事件被转化为叙事的地方，窥见这一过程。这可以让我们发现潜藏在这个过程底部，往往无益的潜在假设，并尝试寻求替代方案。

因为大脑总是忙于利用经验原材料创作故事，所以我们基于本能的意义构建过程往往变得有害无益。我们会不知不觉陷入反刍——无休止地重温糟糕的经历、指责、归咎、懊悔、焦虑。

探索性写作用一种更具目的性、趣味性的方式来利用大脑这种建构意义的习惯。我们多年来反复思考形成的旧有思维定式已经深植于心，而打破它们的唯一方法往往就是让思维加速前进。

这就是自由书写威力无穷的原因，它可能是探索性写作工具包中最基本的工具。

自 由 书 写

在第 3 章讲探索性写作的基本工具时，我简要介绍了自由书写，现

---

[*] 卡尔·韦克，《组织中的意义构建》（世哲出版社，1995 年），第 128 页。

第6章 意义构建中的冒险

在，我们可以更深入地研究它，并且（你猜对了）亲身尝试一番。自由书写就是将你脑海中的任何内容原原本本地写下来，不加修饰或审查，并尽可能贴近思维的速度。

它不受评判，无论这些评判来自你自己还是其他人，如有必要，甚至可以不受语法、标点以及任何形式的修饰或风格的约束，更不必说什么是恰当或"得体"的，它甚至不需要讲得通（尽管当你回顾时，你可能会惊讶于它实际上蕴含了多少深意）。它摆脱了在为他人写作时通常会面临的所有条条框框，而若要适应这种令人眩晕的自由感可能需要一些时间。

假如你是一名司机，你习惯的是在道路上行驶，要注意限速、留心其他司机和行人。你只能去道路能到的地方，也只能沿着道路允许的方向前进。你必须打转向灯，在车道内行车，必须顾及其他道路使用者。这就是商务写作的运作方式。

自由书写则不像城市驾驶，更像是在世界上最辽阔、最空旷的沙漠中骑风筝车，你可以随风去到任意方向，想走多远就走多远，想开多快开多快。你必须扬起风筝，让风推动你前进，除了这一要求外别无他规——换句话说，也就是在自由书写中创建你的提示语，然后以最快的速度、最诚实的态度写作，一直写到计时器响起（如果你遇到一阵特别顺畅的"风"，甚至可以在计时结束后还继续写下去）。

如果以上还不足以说服你的话，自由书写还有一大优势，它是其他任何类型的写作的绝佳热身。它帮助文字毫无压力地流淌出来，帮助你克服将文字付诸纸面的恐惧感——那种恐惧感特别能让人丧失行动力。一旦你明白自己可以通过书写摆脱任何困境——也许写作还真是摆脱困境的最佳途径——就再也不会被所谓的"写作障碍"难倒了。

我的播客嘉宾奥娜·罗斯（Orna Ross）教给我一个颇为实用的助记词，它抓住了自由写作的精髓：FREE=**F**ast（快速）、**R**aw（原始）、**E**xact

（精确）、Easy（轻松）。

快速写作是跟上思维速度并绕过"内部审查员"的唯一方法（但凡有一秒钟的机会，审查员就会跳出来喝止："你不能写**那个**！"）。它是**原始**的，部分原因在于不必像平常写作时那样进行润色，你就算漏用撇号或者拼错单词也没关系——这是为你自己写的，不是为语文老师写的。

它是**原始**的，还因为你经常会发现自己写下一些让自己感到不适甚至痛彻心扉的内容，使用你绝不想与语文老师或其他任何人分享的语言，或者袒露你绝不想他们知道的实情。（你也断然不会在漂亮的新笔记本上写下这些东西。）

它是**精确**的，因为它挑战你不要使用懒惰的概括，而是要精准地描述你经历的细节；要运用你的感官来真正参与和融入于书写中。

最后，它还很**简单**：不要为此感到紧张或搞得过于复杂，不必自我怀疑或试图润色，不要担心自己有没有做对——在这件事上你不可能做错。只管写，快速、原生态地写下来，看看会发生什么。

你可以直接在空白页面上自由书写，这就是朱莉娅·卡梅隆（Julia Cameron）推荐的方法：晨间笔记是《艺术家的方法》中的关键练习，这部作品是她以唤醒创造力主题的为期12周的课程成果。不过，如果你将自由书写作为商业思考的工具，而不是纯粹的创意训练，那么可以从一个提示语开始，或许会更有裨益。我在下一页提供了一个建议，但你可以从心中想到的任何问题开始。

写多少并不重要，也没有字数目标，唯一的要求是你要不断地写，因为你一旦停下来思考，就会失去那种行云流水的感觉。手写比使用键盘更能有效激活大脑，并且不会给你一种要精心完成和修饰一篇作品的错觉，也不会诱使你在写作的同时编辑。它还意味着你可以画箭头、圈

第6章　意义构建中的冒险

出关键点，甚至从书写转向绘画（更多内容请参阅第 12 章）——所有这些在纸上都轻而易举，但在屏幕上则难以实现。

提醒一句：在最初的两分钟甚至三四分钟里，你大概率会觉得这并没有什么用。这完全正常，继续写就是了。好比你要操作一个生锈的水泵，一开始很费力，出来的也只有泥浆，但是，如果你继续抽水，突然间，水就神奇地开始流动了。这可能需要几秒钟或几分钟，但只要你笔耕不辍，我保证你会遇到那个时刻，在那一刻，心理泥浆会突然让位于清澈晶亮的水流。

准备好了吗？够了，不要再讲理论了。随便找个大点的便笺本，一支钢笔或铅笔，待在一个六分钟之内不会被打扰的地方（即便是卫生间）。在纸张顶部写下如下提示："我最大的优点是……"，然后定时六分钟，开始写，尽可能快地写下你脑海中浮现的任何想法。

定时器响了之后，回顾你的涂鸦，留意所发生的意义构建：也许你回到过去思考了你的优点的根源，或者讲述了这些优点如何帮助到你的故事，或者展望了它们可以如何助你在未来取得成功的方式。有哪些让你意外的东西呢？在你发现的内容里，哪些比较有益，哪些不甚有益？你需要进一步探索什么？你可能会如何回应这些顿悟？

如果你有时间（并且酸痛的手还能继续），不妨再来一次书写冲刺，进一步探索其中某个想法。

熟练掌握自由书写对于进行探索性写作至关重要，而且（就像生活中的任何事情一样），你做得越多，就越轻松、越得心应手。

在接下来的几章中，我们会有很多机会练习不同应用场景下的自由书写。我们将把意义构建的聚光灯从自己身上撤走，转而聚焦于其他人，特别是那些让我们有点抓狂的人……

同 理 心

《柯林斯英语词典》将同理心定义为"能够分享另一个人的感受和情绪，就像它们是你自己的一样"。* 这不仅关乎利他主义和"成为更好的人"——谷歌公司的"氧气计划"和"亚里士多德计划"发现，同理心是其业绩最佳的员工和团队的关键指标之一。

但就像任何值得做的事情一样，培养同理心需要花费时间和注意力。我们总是忙于关注自身的需求和体验，因而不易自然而然地考虑其他人的需求和体验——但如果我们能这样做，可能会带来非凡的结果。这是一个很有力量的练习，你可以尝试用于你从本能上并不感到亲近的人身上，或者相反，用于你想与之建立更紧密关系的人身上。

同理心需要想象力的飞跃，而这恰好可以完美地应用建构意义时用到的讲故事能力。在探索性写作的过程中，通过想象他人的经历和观点，我们可以建立联系，看到新的见解和可能性，从而改变我们对他人的理解。必须强调的是，关键问题不在于我们对他人的感受、动机或经历理

---

* 《柯林斯英语词典》，"同理心"的定义，网址 www.collinsdictionary.com/dictionary/english/empathy（访问日期：2022 年 8 月 19 日）。

解得正确与否——我们永远无法确知这些内容。(面对现实吧,大多数时候我们连自己的感受和动机都不甚了然,更别说别人的了。)这种练习的价值在于,通过允许自己从他人的角度考虑事情,我们能够以更丰富的眼光"看见"他们,并以更有同情心、更周到的方式与他们相处,这在棘手的关系中会取得的令人惊叹的成效。

进行同理心探索的一个有用提示是,选取最近一则来自你脑海中的那个人的讯息,也可以只是因某种原因而在你脑海中挥之不去的某个评论——也许你会发现它在某种程度上具有挑战性或令人恼火。首先,重新阅读或回想那则消息,然后开始自由书写,探讨背后的可能性。

那个人可能正在试图满足哪些需求?他可能有哪些恐惧和挫折?他可能正在努力实现什么目标?他可能希望你采取什么行动或做出何种反应?为什么这对他很重要?请记住,你永远无法确知答案,但可以利用你探险家的好奇心态去探索,聚焦于对方而不是你自己身上。

写完之后,花些时间回顾和反思:你今天想到的事情是否改变了你对原来那条讯息的反应?如果有,是以什么方式改变的?如果在家庭和工作中更多地进行这种同理心实验,可能会产生什么意义?

这个练习非常有力量,部分原因在于它颠覆了"归因偏见"——我们倾向于将他人的负面行为归因于性格,即固定的个性特征,而常常将自己的缺点归咎于情境。举例来说，如果我们对某人态度生硬，我们可能会辩解说"那天早上我真的很忙、很紧张"；而如果有人对我们态度生硬，我们更可能会想："哇！这人真没礼貌。"如果能有意识地以这种方式，设身处地从他人的角度着想，这意味着我们在产生判断倾向时更多地偏向于他人。这提醒我们，在任何交往中都存在多种可能的叙事，也就能帮助我们放下比较无益的解读。如果你养成习惯，带着更多的同理心看待周围的人，并更愿意将他们莫名其妙的恼人行为归因于情境因素，而不是给他们贴上粗鲁、自私或愚蠢的标签，你的人际关系就会发生转变。

重　构

上面的同理心练习就是"重构"的例子：改变你看待事物的方式，以改变你对它的想法和感受。重构是现代认知行为疗法中的一项基本技术，但其渊源可以追溯到更早——正如罗马帝王马可·奥勒留（Marcus Aurelius）所言："拒绝感受伤害，伤害本身便会烟消云散。"*

这是探索性写作中的意义构建的关键要素：有意识地为我们的经历探寻另一种诠释。听起来有些玄乎？不妨从一个极其简单的技巧入手：反事实思考。

---

* 马可·奥勒留，《沉思录》——引自保罗·罗宾逊，《军事荣誉与战争行为：从古希腊到伊拉克》（泰勒与弗朗西斯出版社，2006），第 38 页。

反事实思考

作为人类，我们有一项超能力，那就是想象与事实相悖的事情。然而这也是一种诅咒。在进行反事实思考时，我们想象如果其中某个事件不同，或者如果我们当时做了不同的决定，事情会变成什么样。

反事实思考鲜少保持中立。（若是那样，又有何趣味可言？）

通常我们会进行两种形式的反事实思考：向上或向下。

向上的反事实思考即想象事情本可以更好。它们通常包含"要是……就好了"这样的说法。或者，如约翰·格林里夫·惠蒂埃（John Greenleaf Whittier）更富诗意的表达："在舌尖和笔端流出的所有悲伤词句中，最令人痛心的莫过于'本可以……'"。*

我们经常使用向上的反事实思考，从日常琐事如"要是我带了伞就好了"，到人生至深的悲痛"假如他没有登上那架飞机该多好"。丹·平克（Dan Pink）在《后悔的力量》一书中探讨了这种向上的反事实思考，揭示了它是多么普遍：后悔，似乎是人之常情。

"要是……就好了"这种念头可能会毁掉我们。我们永远无法再回到那个时刻，已经太迟了，我们无法再挽回"本可以做"的事。"要是……就好了"几乎总是让我们感觉更糟。但是平克指出，它也可以帮我们做得更好。这就是他所谓的"后悔的力量"：那些萦绕心头的遗憾恰恰彰显了什么对我们来说才最珍贵，它们或许能帮助我们下次做出更明智的抉择——勇于表达、更加无畏、记得带伞。

另一种反事实思考则是向下的："好在……"——"好在雨势不大""好在我告诉了他我爱他"。我们想象事情原本可能更糟，从中寻得

---

* 约翰·格林里夫·惠蒂埃，《莫德·穆勒》，1856 年。

探索性写作

一丝慰藉。这种思考方式虽能让我们心安一些，但也可能阻碍我们直面艰难的人生课题。

在探索性写作中，这两种反事实思考都可能有用。

□ 让我们先来尝试向上的反事实思考：设置一个仅一分钟的计时器，尽可能快地写下尽量多的句子，每句都以"要是……就好了"开头。不要停下来思考，不要自我审查，也不要认为任何事情太琐碎或太沉重。

假如你和芸芸众生无异，你最后会写下一大堆五花八门的遗憾，从令人莞尔的小事到几乎无法承受的痛楚。这些就是做以下两个推荐练习的原材料，当然，你可以任选其中一个做，或者两个都做，或者都不做，这都随你的意。

练习 1

翻转练习：把"要是……就好了"翻转为"好在……"。这是一个快速的思维实验，有助于增强心理韧性，可以根据需要在日常生活中随时使用。它最适合处理轻微的遗憾，但若谨慎使用，也可以用于处理更为重大的难题。找出你的一个"要是……就好了"陈述，将其翻转，找出相应的向下的"反事实"。例如：

要是我在发送邮件前检查一下就好了。→至少我没有抄送给整个公司。

别人说他不适合我，要是我听了就好了。→至少我还有理智，没有和他结婚。

要是我为那次推介活动更充分地准备了数据就好了。→至少我下次不会再犯这个错误。

表面上看，这不过是一个简单的文字游戏，但它可能对增强心理韧性和幸福感大有裨益。诚然，你或许觉得其中有些话很肤浅，甚至可能按捺不住想要痛揍那些试图用这种话来安慰你的人，但它们和任何"要是……就好了"一样"真实"和有效。你不仅能在其中寻得慰藉，可能还能发现力量。

（注意：这种方法最适合自我调节。你当然可以鼓励他人尝试进行他们自己的反事实翻转——虽然你可能不想使用这个术语——但如果你在别人仍然深陷于"要是……就好了"时贸然灌输"好在……"，恐怕不仅收效甚微，更可能造成难以弥补的伤害。）

练习2

第二个练习需要你克制住让自己**感觉更好**的冲动，而是全然沉浸在追悔中，看看是否有办法利用它来帮助你未来**做得更好**。从你最初写下的"要是……就好了"陈述中选择一个，它能教给你什么？它对你当下的生活有何意义？在其启示下，明天你可以采取什么不同的行动？

每当我诚实地写下"要是……就好了"时，我经常发现它其实只是一个借口，例如"要是我有时间就好了……""要是我能找到得力助手就好了"。这些"要是……就好了"并非真正的遗憾，它们只是障眼法罢了。若能直面内心，我往往会发现真正的问题潜藏得更深：可能是恐

惧,或者仅仅是未能妥善安排优先次序,而这些恰恰是我们可以着手改变的。

从某种意义上说,探索性写作的每个面向都是某种形式的意义构建。但若事事俱陈,难免篇幅冗长,而我们的下一个冒险值得另辟新章。

第7章

探询中的冒险

探询，就是提出我们不知道答案的问题，或提出那些我们自以为知道答案，但愿意以开放的心态重新审视的问题。这是好奇心的具体体现，正如第3章所述，好奇心是探索的核心。

然而大多数时候，无论是作为领导者、专家，还是只是作为老师、父母、伴侣和朋友，我们往往都需要提供答案。别人向我们请教，仰仗我们的专业知识和经验，我们在自身专业领域给出确切答案的能力，构成了我们地位和自我形象的基础。

这意味着提问题可能会带来麻烦，尤其是在职场中。

当我们处于自己的能力范围内，拥有的答案多于问题时，我们就在舒适区内，能够高效工作。如果你已经投入了1万小时练习，精通了某项技能，这时一个新手来问你为何要那么做，你可能会不太愉快。

对于静态技能而言，这种态度是可以理解的。学徒大概应该安静观察大师制作小提琴，而不是第一天就妄加评论。

然而，21世纪的大多数专业技能都不是静态的。颠覆性变革的速度如此之快，如果我们总是满足于既有的答案，固守原有的做法和假设，终有一天会惊觉这套观念以及我们自己都已经错得无法挽回了。解决之

探索性写作

道是什么？提升发现问题、提出问题的能力，或者用一个更专业的词来说——探询。

你曾经擅于此道。正常孩子在 2 至 5 岁期间会提出大约 4 万个问题[*]，越来越多地要求解释，而不是仅仅知道事实。（在为人父母之前，我曾暗自发誓要欣然接受孩子们无休止的"为什么"，我确实努力过，但老实说，这确实会令人疲惫。）正如艾莉森·戈普尼克（Alison Gopnik）所言："婴幼儿就像人类这个物种的研发部门。"[**]几乎没有什么是他们不会质疑的。

然而，他们一旦步入校园，问题通常就会减少。大多数老师更喜欢由自己来提问，这也无可厚非，毕竟孩子们有学习目标要完成，还要准备考试。在大多数教室里，几乎没有好奇心存在的空间，因为没有时间偏离既定轨道。不过，这种情况正在改变，至少在更加先进的学校中是这样的。基于探询的学习——让学生提出问题并自主寻找答案——正日益流行，主要是因为它已被证明是一种更有效、更吸引人的方式，能帮助孩子们理解和记住所学内容。年长一些的学生，包括那些学习专业课程的学生，通常被鼓励进行反思，回顾自己如何处理某个项目，以及下次可能做出哪些改进。这种反思可能还涉及学术研究：关于这个问题的最新思考是什么？别人是如何解决这个问题的？那些答案又引发了哪些新的问题呢？

但不知何故，不管是童年天然的好奇心，还是我们在正式学习环

---

[*] 利昂·内夫卡，"我们是否问对了问题"，《波士顿星期日环球报》，IDEAS 专栏，2012 年 5 月 20 日。网址 www.bostonglobe.com/ideas/2012/05/19/just-ask/k9PATXFdpL6ZmkreSiRYGP/story.html（访问日期：2022 年 8 月 3 日）。

[**] 请参阅她出色的 TED 演讲：婴儿们在想什么？网址 www.ted.com/talks/alison_gopnik_what_do_babies_think（访问日期：2022 年 8 月 10 日）。

境中培养有效思维和实践的方法,往往并没能渗透进大多数办公室中。但这并不表示你不能将探询精神悄悄引入自己的工作场所,无论是为了自己,还是更间接地惠及你的同事们。沃伦·伯格(Warren Berger)认为这是 21 世纪工作中的一项基本技能,他引用了企业家伊藤穰一的话:

"新时代要求我们成为终身学习者(而不仅仅是在人生早期学习),要想适应它,我们必须努力保持或重燃好奇心、惊奇感、尝试新事物的意愿以及适应和吸收能力——这些东西在童年时期为我们提供了巨大帮助。我们必须变得'幼态持续'(这是一个生物学术语,用来描述成年后依然保留儿童特质的现象)。为此,我们必须重新发掘孩子们在早年熟练运用的工具:问题。"*

如果你曾与一名教练合作,你可能已经熟悉了"探询"这个职业发展工具:优秀的教练不会直接提供答案,而是更多地提出好的问题,以启发你更好地理解议题并创造自己的解决方案。

遗憾的是,你不可能随时随地都有个教练在身边,但通过掌握探询的技能(作为探索性写作实践的一部分),你在一天中任何时刻基本都可以做自己的教练——如果面对特别棘手的情况,甚至需要在深夜处理。正如海伦·塔珀(Helen Tupper)和萨拉·埃利斯(Sarah Ellis)所说,成为自己的教练只需要培养"问自己问题的技能,以增强自我觉察并促使你积极行动"。**

关于探询,最基础的部分自然是你提出的问题,但并非所有问题都

---

* 沃伦·伯格,《更美的问题:激发突破性想法的探询力量》(布鲁姆斯伯里出版社,2016 年),第 24 页。

** 海伦·塔珀、萨拉·埃利斯,《自我教练:如何克服挑战并掌控你的职业生涯》(企鹅商业出版社,2022 年),第 11 页。

同样有效。你可能已经了解了封闭式问题和开放式问题的区别,比如我儿子放学回来,我问他:"今天过得好吗?"答案通常只是一声单音节的嘟囔。不过我活该,因为这个问题很无聊。有时我会记得问一个更开放、更有趣的问题,比如"今天有什么最酷的事情?"——我得到的回答就会有趣得多。

还有些问题甚至更糟糕。我羞愧地记得,十几岁时我曾对妈妈大吼:"你怎么总是把事情搞砸?"显然,这种问题没有答案,只会带来极大的伤害。大多数人在度过青春期后就学会了不再那样说别人,但出于某种原因,我们仍然会那样对自己说:"我这是什么毛病?""为什么我总是搞砸?"

正如第 2 章所述,问题之所以如此强大,一个原因是大脑面对一个问题(任何问题)时,本能的详细阐述反射就会启动,它会立即开始寻找答案。这种本能反应可能是诅咒,但也可能是种超能力,关键在于我们向自己提出什么样的问题。像"我为什么这么没用?"这种有毒的问题会迫使你的大脑忙于寻找一些毫无益处的支持性证据和想法来回答它。但我们也能看到其中的潜力,正如托尼·罗宾斯(Tony Robbins)所说:"成功者提出更好的问题,因此他们得到更好的答案。"*

那么,我们如何利用探索性写作来帮助自己提出更好的问题——无论是对自己还是对他人——以获得更好、更有用的答案呢?

以下是一些建议……

---

* @TonyRobbins 的推特,2017 年 6 月 27 日,网址 https://web.archive.org/web/20220810175946/https://twitter.com/TonyRobb ins/status/879796310857048064?s=20&t=F05rZAiYz0VzUE3lYgNWwA(访问日期:2022 年 7 月 7 日)。

第7章 探询中的冒险

市 政 厅

我现在称之为"市政厅技术"的一种起步方法，源于我在"非凡商业图书俱乐部"播客中与《写东西的乐趣》作者梅根·海斯（Megan Hayes）的对话。她说，我们通常以为自己是单一的意识实体（如笛卡尔的"我思故我在"），对某个想法或情境有统一的反应，但实际上我们内心总是随时存在多种反应。

换句话说，假设你下周要在工作中做一场重要演讲，你问自己"我对此感觉如何？"，你可能马上回答"吓死了！好糟糕啊！怎么才能摆脱它？"。但如果你仔细观察一下，更有意识地进行自我探询，可能会发现其中还有更多内容。也许有一部分的你对此感到兴奋，有一部分好奇那会是怎样的体验，甚至有一部分已经悄悄开始计划该如何组织你的想法。我们是心理学家所说的"自我组成的社会"：

一旦我们开启内在对话并加以练习，我们会发现内心有许多角色，而我们要做的是成为整合力量，是将所有声音汇聚在一起的首席执行官，如果你愿意，可以召开市政厅会议……一旦你开始与这些不同的声音互动——我认为写作确实能帮助我们做到这一点——你会发现你能得到更具创造性的解决方案。*

强烈的负面情绪往往会淹没那些更安静、更好奇或更深思熟虑的声音，但通过更系统化的自我探询，我们可以注意到其他的视角并加以探索。

当我为自己那些复杂、不连贯的内心杂音召开市政厅会议时，我首

---

* 非凡商业图书俱乐部播客，第287集（http://extraordinarybusinessbooks.com/episode-287-writing-and-happiness-with-megan-hayes/）。

探索性写作

先让最吵闹的声音——通常是恐惧——登台。它要求被倾听，所以在它说完之前，试图关注其他事情是没有意义的，而恐惧通常不需要提示就会开始喋喋不休。通常，让它发泄直到精疲力竭就足以帮助我看到它是多么站不住脚或是毫无益处。但接下来奇迹就会发生：我邀请内心的其他利益相关者上台发言。恐惧、疲惫离场，而我内心的"研究者"出现了，他对事情如何推进有一些想法，我问他："**你**怎么看？"

☐ 试着举办你自己的市政厅会议。想想你面临的一个令你焦虑或力不从心的情况，写下一个提示，比如"讨论某事项的市政厅会议"。让你的本能反应先发言（你会如何称呼它呢？恐惧，内在批评者，还是别的什么？）。一旦它说完了，邀请其他一些更安静的声音发言，并问道："**你**对此怎么看？"以下是一些建议：

- 研究者
- 孩子
- 父母
- 教师
- 经理
- 叛逆者
- 艺术家
- 探险家
- 未来的你

写的过程中，你可能会想到更多角色！

仅仅是发现自身的多样性，就已经是一种奇妙的解放。正如沃尔特·惠特曼（Walt Whitman）如此漫不经心地说道："我自相矛盾吗？很好，那我就是自相矛盾（我如此庞大，我包含着人群）。"*

无论我们发现多少内在声音，本质上它们仍然是我们自身的不同面向。这应该在你意料之中，因为探索性写作本质上是一项独自进行的活动；但这并不表示我们不能请别的人加入进来，即便他们并不知道我们在这样做。事实上，询问不在场的他人是种非常有用的心理技巧，可以帮助我们跳出自己的认知窠臼。

向他人探询

如今我们可以通过无数种方式利用他人的智慧结晶——书籍、博客、TED 演讲、文章、直播视频等等。与其被动消费这些内容，何不采取一种基于探询的方法，将那些作者变成你的个人教练呢？而他们甚至都不知晓这件事呢。

□这是一项妙趣横生的练习。首先选择一种你特别喜欢的资源，比如，最近让你觉得有帮助或发人深省的书籍、视频或文章。在 6 分钟的探索性写作冲刺中，你需要聚焦于简短的一段；当然，你平常也可以以更从容、持久的节奏运用这一技巧

---

* 沃尔特·惠特曼，《草叶集·自我之歌》（1855 年），第 51 节。

探索性写作

来消化优质内容。

在纸张中间画一条竖线，将你所用材料的作者姓名写在左栏顶部。接着，建议你先将定时器设定为3分钟，而非通常的6分钟。在这前3分钟里，全神贯注于你选定的资源，一边读或听，一边在第一栏中记录下任何你认为重要的内容。（想象你是个学生，将要就该主题撰写一篇论文。）

定时器响起时，左栏应该有至少一两条笔记——目前为止，一切都很常规，你可能在无数次讲座或会议中这么做过。不过现在我们将在第二栏中进行探询，从单纯地消化思想转变为积极地共同创造。

也许你已经对刚发现的洞见有了一些想法，如果是这样，那么请随时停止阅读，去做自己的探索性写作——趁着脑子里灵感尚存。不过，如果你需要一点提示，我建议你在第二列顶部写下一个简单却引人深思的问题："这对我来说意味着什么？"接下来3分钟（或者更长时间，如果可能的话），想象那位演讲者或作者正坐在你身边，他正在一对一指导你。他刚刚提出的观点如何应用于你的状况？对于你所面临的情况，他会给出什么建议？

你当然无法确切知道他们会说什么，但通过进入这种想象的对话并采用他们的视角，你就会跳出固有思维，敞开心扉接纳新思路。而这正是奇迹发生的时刻。

向未来的自己询问

探索性写作可以让伟大人物在冥冥之中指导我们,除此之外我们还可以利用它来接触一位更厉害的导师:未来的自己。

如果你是《哈利·波特》迷,你一定记得哈利穿越时空的场景:他站在湖边目睹过去的自己被摄魂怪袭击。哈利在等父亲出现并施展守护神咒(哈利知道那即将拯救自己),突然他恍然大悟:在自己遇袭时,他看到的湖对岸的模糊身影并不是父亲;拯救他的也不是父亲,而是他自己。于是他念出咒语,救了自己。后来罗恩问哈利怎么做到的,哈利说:"我知道我能做到……因为我已经做到了。"*

这种情节令人费解——时间旅行小说总是那样,但又充满真实感——最好的小说往往如此。即使你不是《哈利·波特》迷,也请相信我,未来的你有着非凡的才能来为当下的你赋予力量。

如果当下的你遇到瓶颈,那么此刻你很难突然想出答案。因为若真那么容易,你就不会陷入困境了。但是未来的你呢?未来的你已经解决了这个问题,你只需问他是怎么做到的。

这固然只是一种心理技巧,但它效果显著。在其他事情上也同样奏效:你可以向未来的自己询问关于他(也就是你)的习惯、人际关系、日常生活、优先事项、成就等各种问题。

该技术综合运用了你已经掌握的关键技能,包括自由书写、同理心和探询,再加上一种新技能,即"可视化"这一强大的心理工具,来进

---

* J. K. 罗琳,《哈利·波特与阿兹卡班的囚徒》(布卢姆斯伯里儿童图书出版社,2014 年,首次出版于 1999 年),第 438 页。

行想象——虽然它并不真实，但十分有用。*

这项练习有两个关键点：首先是要进入那个"对的"未来的自己，那个已经实现了你的最高潜力和目标的自己。如果你要从自己的后见之明中受益，最好选择那个最有智慧可教导你的未来自己。

其次是，在练习过程中，你要"成为"那个未来的自己，而非将之视为"另一个人"。因此，在写作时，要使用现在时态谈及那个未来时刻（不管那是 1 年、2 年、5 年还是 20 年后），用过去时态来谈论你当下的挑战，将其视为已经搞定的事情。

虽然你也可以直接做这个练习，但先闭上眼睛聆听一段可视化引导会事半功倍。你可以在 www.exploratorywriting.com 上找到以下文本的音频版本，或者你可以先阅读以下内容，然后花几分钟在想象中看到那个场景，再开始写作。

深深地、缓慢地吸一口气……再静静地完全呼出。

重复这个过程，直到你感到自己的能量平静下来，减缓下来，感觉准备就绪。

现在想象一下，你发现自己站在一座房子前，这所房子你从未见过，但你一眼就知道，未来的你在此全然幸福地栖居。花点时间看看它，你注意到了什么？它在哪里，周围有什么？你听到、触摸到、闻到了什么？细细品味这些感官印象，一边走近房门，敲门。不一会儿，门开了，你与未来的自己四目相对，他微笑着认出了你，满怀爱意。你情不自禁地微笑回应，因为看到自己在此处如此自在，实在是太美妙了。关于那个自己，你注意到了什么？衣着、气质、姿态？你们一同穿过房间，坐

---

* 我第一次亲身体验到这一点是在参加塔拉·莫尔（Tara Mohr）的"内在导师可视化"练习时。你可以在她的著作《放胆去做》中了解更多相关内容。

在窗边。你知道你可以向他提出任何问题，他会知无不言，充满慈悲和爱意。你可以问问他是如何克服你现在面临的问题的，或者他在生活中做出了哪些关键抉择，才得以走到今天。你凝视着他，醒悟此刻你最需要从他那里得到什么。让正确的问题在你心中萌芽。

□ 把这个问题写在纸张顶部，将定时器设为 6 分钟，然后围绕这个问题自由书写，让未来的你用他的声音、他的角度回答。

这比你迄今为止进行的许多任务都更能触动心弦，所以完成后请花点时间关注你的状态。与未来的自己相见是什么感觉？未来的自己最让你感到震撼的是什么，而这对当下的你又意味着什么呢？你今天可以采取哪些行动，让自己更接近未来的样子？你是否需要摒弃某些行为，好腾出空间来成长为那个人？

同样要记住，未来的你始终触手可及，每当感到力不从心时，你都可以造访那个游刃有余的自己，通过探询的魔力，获取他（你）的力量和智慧。

最后，除了发现越来越多有用的答案，我们同样可以在探索性写作中利用探询来提出越来越多有趣的问题。

问题风暴

一项有趣而有效的探询实验是颠覆头脑风暴的传统做法，不再绞尽脑汁去想出最多答案或解决方案，而是挑战自己，提出越多问题越好——与你正在研究的主题相关的问题。领导力及创新专家哈尔·格雷格森（Hal Gregerson）在一次工作坊中辅导一个迟钝懒散的团队时偶然发现了这种技巧，并将其发展成了一种他称之为"问题爆发"的方法论。他建议采取团体活动的形式，由一名主持人来引导，当然可以这么做，但作为一个探索性写作者，你也可以独自使用该技术，只需一张空白纸和一个计时器来搭建你所需要的设置。

专注于问题而不是答案会让人感到意外的自由，因为你**只能**提出问题，而无须提供答案，这个过程让人感觉又好玩又轻松。正如格雷格森所说："头脑风暴式地搜集问题而非答案使人更容易突破认知偏见，冒险进入未知领域。"*

虽然基于探询的探索性写作通常始于一个问题，然后继续探讨可能的答案，但"问题风暴"是以一句挑衅性陈述作为问题生成的跳板。我的经验是，不值得在最初的挑衅性陈述上费尽心思，只要它能捕捉到一个对你而言切实存在的问题，就可以用它作为出发点。

以下是我曾经对自己或他人用过的一些挑衅性陈述：

- "这家企业与竞争对手毫无二致。"
- "明年我们必须增加 50% 的收入。"
- "我们的内容营销策略陈旧且无效。"

---

* 哈尔·格雷格森，"更好的头脑风暴"，《哈佛商业评论》，2018 年 3 月至 4 月。网址 https://hbr.org/2018/03/better-brainstorming（访问日期：2022 年 8 月 10 日）。

第7章 探询中的冒险

和传统的头脑风暴一样，一个问题引出另一个问题，没有任何问题是禁区。

不妨一试，为自己的情况想出一句挑衅性陈述，或者使用上面某一句，如果你觉得有用的话。将计时器设为6分钟，尽可能多地提出与那个挑衅性陈述相关的问题——从深刻的哲学问题如"成功到底意味着什么？"到接地气的战术问题如"我需要什么软件？"，无所不包。

当计时器响起时，你可以稍作休息，如果还有更多灵感，就再来一轮冲刺；或者回顾你刚才写下的问题并进入下一阶段：过滤和筛选。

可能你要根据需要细化或拓展一些问题，例如"成功意味着什么？"比较宽泛，细化为"此处要成功的关键因素是什么？"可能更有针对性，而"我需要什么软件？"可能需要附加一个更开放的问题，比如"我们的系统是否仍然适用？"，这无疑会涉及你要优先考虑某些问题，无论感觉有多棘手。

试着确定三个你觉得最重要的问题，然后将它们作为更传统的探索性写作冲刺的提示，开始寻找答案。

虽然我们在这里主要把探询作为探索性写作的工具，但它能做的远不止于此。由于你开始看到这种无议程、充满好奇的疑问在探索性写作

实践中的好处，我希望你也在生活和工作中更多地用到它。*

因为好问题能帮助我们以不同的方式思考，所以探询与创造力密切相关，这也是我们下一个冒险的主题。

---

* 埃德加·沙因的《谦逊探询：提问而非告知的温和艺术》（贝瑞特-科勒出版社，2013年）是一个很好的起点。他将"谦逊探询"定义为"引导他人表达的精妙艺术，即提出你自己并不知道答案的问题，基于对他人的好奇心和兴趣来建立关系"（第3页）。

第8章

玩乐中的冒险

还记得上一章中那个意义深远的词"幼态持续"吗？它表示"成年后依然保留童稚特质"（省得你再往前翻找），孩子们特别擅长提问，伊藤穰一用"幼态持续"一词特指人长大后继续提问的重要性。

孩子们的另一个特点是他们天真无邪的创造力。与世故的成年人相比，孩子们眼界新奇、阅历尚浅，这使他们很容易对成年人司空见惯的事物提出疑问，也让他们能够以别具一格的方式看待世界。

我儿子很小的时候，说小学老师向他们介绍了哲学，我很高兴，问他这节课讲了什么。

"我们在讨论苹果。"

"苹果？"

"对啊，我们必须对苹果进行排序。你知道的，一颗真实的苹果，然后是苹果的照片，再来是苹果的画，接着是"苹果"这个词，最后是一个看不见的苹果……"

妙啊！我想。老师在向他们介绍柏拉图的"形式"（Forms）学说。

"为什么会有看不见的苹果呢？"

"因为我吃了它。"

"原来如此！"

孩子们具有这种能力，可以毫不犹豫地接受新思想，并以匪夷所思的方式发展它，这是孩子们最惹人喜爱的特征之一。而在 21 世纪的职场中，这也是一项至关重要的技能，因为新思想和新问题随时都在向我们袭来。

就像第 5 章中的能动性、意图和注意力一样，我深信在工作中有三个相互关联却又独立的玩乐元素：创造力、独创性和问题解决能力。这些元素都与探索性写作方法极为契合。

创造力涉及独辟蹊径来处理问题，可能需要将现有知识从一个领域迁移到另一个领域；独创性更多的是指提出与已有内容迥然不同的新东西；解决问题是将创造力和独创性应用于破解特定的难题。

让我们深入探讨每个方面，看看探索性写作如何助我们培养这些品质。

创 造 力

哪怕仅仅在 30 年前，创造性思维基本还只是特定人群的专利，也就是我们通常所说的"创意产业"——媒体、营销、设计等。如果你不从事这些行业，你恐怕只有在周末的艺术课程才有机会展现创造力，而日常工作中仍需按部就班，循规蹈矩——多谢了！

如今，创造性思维不再是少数精英的专利，而是组织中上上下下每个人都需具备的关键技能。对于那些自己自认缺乏创造力、也不确定自己在这方面表现如何的人来说，这无疑是一项严峻的挑战。此时，探索性写作便可让你大显身手，因为这是一个安全地练习"创造性"的空间。

第8章 玩乐中的冒险

它帮助我们培养心智的灵活性和趣味性，从而增强我们以全新视角看待问题并孕育原创想法和解决方案的信心。

在史上最受欢迎的 TED 演讲之一中，肯·罗宾逊（Ken Robinson）爵士认为，在教育中，创造力和识字能力一样重要。[*]他指出学校和职场通过妖魔化"犯错"扼杀了创造力，他认为，如果你害怕出错，那么你就永远不会产出任何原创性的成果。探索性写作恰恰为我们开辟出一片天地，在这里你可以肆无忌惮地犯下光彩夺目、富有创意的错误，而不必担心受到任何惩罚——大多数人在学校或工作中无法获得这样的空间。这大大增加了我们产生奇思妙想的可能性。

创造力往往基于思想的连接——两个想法碰撞产生火花，为我们带来崭新的视角、洞察力或创意。正如我们在第 2 章中所见，我们通常对自己打算公开传达的思想施加了一种层级模式，思想被井然有序地组织和分隔以便于使用和检索。这种做法无形中降低了这些创造性碰撞发生的几率。然而，在我们混沌、翻腾、自由联想的大脑内部，奇迹总会不期而至。只需一支写得够快的笔和一张空间足够的纸，来捕捉那些看似天马行空的联想，以便我们弄清楚要对它们做点什么——如果需要做点什么的话。

▢ 如果你和我一样，每当听到有人说"要有创意！"就会手足无措、大脑一片空白，那么在这个练习中，我们将反其道而行之，专注于放飞自我，光荣地、创造性地犯错。选择一项

---

[*] 肯·罗宾逊爵士，"学校会扼杀创造力吗？"，TED 演讲，2006 年。网址 www.ted.com/talks/sir_ken_robinson_do_schools_kill_creativity?language=en（访问日期：2022 年 8 月 10 日）。

当前面临的工作或家庭中的挑战，不是努力寻找创造性的办法来解决它，而是给自己6分钟时间自由书写，构思出最荒诞不经、糟糕透顶的主意来彻底搞砸它。例如，如果你被要求策划一场新的营销活动，那么哪些画面和口号会让潜在客户四散奔逃呢？放开手脚，尽情发挥，享受那种毫无顾忌搞砸一切的酣畅淋漓。

完成后，看看你的杰作。当然，其中大部分纯属胡言乱语，但那完全无关紧要，花点时间思考一下这些糟糕主意的反面可能是什么，你可能会发现，通过反其道而行之，你可能无意中发现了一个值得深入挖掘的新奇想法。

（就算没有收获，至少你也已经乐在其中。）

独 创 性

讽刺的是，在一个空前地强调创意和独创性的时代，从他人那里"汲取灵感"（也就是"抄袭"）的机会空前增加。

让我们想象一下，你的任务是为新产品制作一个引导页面。你的第一反应是什么？

如果你和我们大多数人一样，你会首先通过谷歌搜索是否有任何可供"借鉴"的想法。其他人做过类似的事情吗？有没有可画（Canva）模板？毕竟，没必要重复造轮子，对吧？

但是，如果我们开启新任务时，总要先四处寻觅现成的方案，那我们实际上是在采纳别人的优先事项、风格、限制和假设，而不是我们自己的。

企图从别人的作品出发来开展自己的思路，这着实会限制你的思考空间。议价高手都懂得一个认知偏见叫做"锚定"，即先抛出一个低得离谱的价格，不管卖家怎么强烈抗议，那个价格都已经成了谈判的基准。参照点被设定后，会塑造后续的讨价还价过程。

当你立足于他人的想法来构思时，也会发生同样的事情。你当然可以调整那些内容以适应自己的目的，但最终得到的结果还是会与自己从零开始的所得大相径庭。

（"当然会"，你可能会说，"这样快得多，说不定还更好呢。"）

不过幸运的是，借助探索性写作，我们可以兼采两者所长。

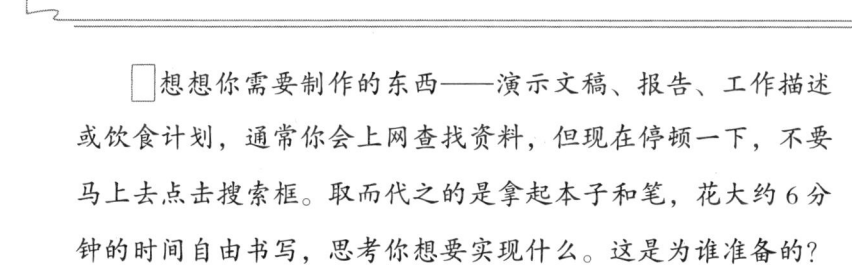

□ 想想你需要制作的东西——演示文稿、报告、工作描述或饮食计划，通常你会上网查找资料，但现在停顿一下，不要马上去点击搜索框。取而代之的是拿起本子和笔，花大约 6 分钟的时间自由书写，思考你想要实现什么。这是为谁准备的？他们需要什么？最重要的结果是什么？为此你将如何利用你独特的技能、经验和兴趣？

完成探索性写作冲刺后，如果仍有必要，可以开始使用搜索引擎。这时，你会更容易识别出有价值的参考资料，并更好地调整它，以适配于**你自己**的目的。

问题解决

创造性和独创性是非常重要的生活技能，一个原因在于它们是解决问题的关键工具。一件事成为问题，意味着你使用的旧方法或本能反应不起作用了，你需要尝试一些新东西。意义建构和重构（第 6 章）以及探询（第 7 章）都是处理问题的有用工具，但还有其他更具体的方法。你会毫不意外地看到，探索性写作同样适配于这些方法。

先发表免责声明。解决问题——特别是工作中的重大问题——是一项大工程，针对此事已经有许多不同的理论和步骤详尽的整套方法，我显然不是要用 6 分钟的探索性写作冲刺来取代这些模型。不过，就像平常想挖一个洞不必动用挖掘机一样，大多数问题也不需要动用全套方法论和支持软件。

话虽如此，我们仍然有必要谨记前述那些模型的大致框架。我曾在一所商学院的 MBA 住校课程上教授创造力、创新和变革（这特别好玩，带领高管们画手指画，还能赚到钱，这种好事能有几次？），课程是讲一种结构化的创造性解决问题的方法，大致如下：

1. 阐明问题：详细阐释，充分理解问题，并确保这**确实是**你需要解决的问题（问题探索阶段。令人惊讶的是，你经常会发现原以为的问题只是一种表面症状而已，甚至根本不成为问题）。

2. 提出大量可能的解决方案（创造性思维阶段）。

3. 评估各个方案，确定要实施哪个或哪几个（批判性思维阶段）。

4. 实施它（行动阶段）。

如果你不时刻谨记这个过程的整体结构，你很容易就会不经意间采用一种过于简单和局限的做法：

1. 想出一个可能的解决方案。

2. 实施它。

这样或许行得通，但成功的概率不大。

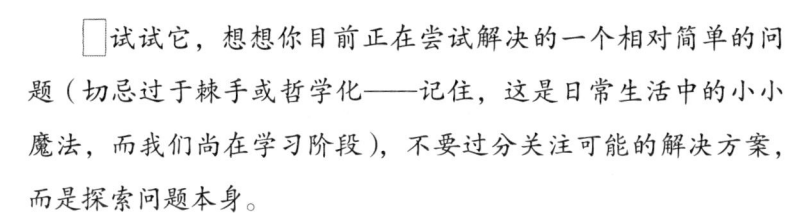

▢ 试试它，想想你目前正在尝试解决的一个相对简单的问题（切忌过于棘手或哲学化——记住，这是日常生活中的小小魔法，而我们尚在学习阶段），不要过分关注可能的解决方案，而是探索问题本身。

在这里，"为什么？"是一把利器：你可以追本溯源，寻找潜在原因（"为什么会发生这种情况？"），或者顺流而下，关注后果（"为何这构成了一个问题？"），或者兼采两种做法，如果你愿意的话。每当你想出一个潜在原因或后果时，不妨再次发问"为什么？"看看会发生什么。（你可能对这种技术并不陌生，商界称之为"五个为什么"，但你在与学龄前儿童对话时也很可能领教过。）

通过追本溯源，关注潜在原因，你可能会发现**真正的**问题并非你原以为必须解决的那件事；而顺流而下关注后果则有助于找到化解或消除这些问题的妙策。你甚至可能意识到，你原以为的问题实际上并非问题，它只是烦人的小事而已。通常，最佳的解决之道就是下定决心，不再为此烦恼。

创造力、独创性和解决问题是"玩乐"中三个十分有用的面向，而它们都可以借助一种强大的工具来锦上添花，那就是探索性写作工具包中必不可少的法宝：隐喻。

而这就是我们下一次冒险要探索的内容……

第 9 章

转化的冒险

在建构意义的过程中，我们不可避免地会触及隐喻（瞧，我这就用了一次，而且我觉得这没毛病）。"隐喻"这个术语单纯统指借助此事物来思考彼事物的做法。你可能熟知意义构建领域中的其他说法：一种是"明喻"，如"生活就像一盒巧克力"，这是一种特殊类型的隐喻，它明确指出此处存在相似性，而非直言"生活**就是**一盒巧克力"；还有"类比"，这是为特定目的而使用的隐喻，即用一件事来解释另一件事情（我们将在第 13 章更详细地讨论类比）。不过我们使用大多数隐喻时并不那么自知。它们深深埋藏于我们的语言和思维中，以至于我们往往视而不见，尽管我们几乎不可能造一个不带隐喻的句子（看，我又来了，我刚刚不经意间使用了两个挖掘、建造的隐喻和一个视觉隐喻）。

我们对隐喻的依赖意味着，只要学会如何驾驭它而非为其所困，它就能成为心智魔法的强大工具。

第9章 转化的冒险

驾驭隐喻

我们爱用隐喻，因为这是大脑的运作方式——人们发现用已知事物和既有经验来思考问题要容易得多。我们可以借助已知之物探索未知领域，用能够表达的东西去诠释尚难言表的概念。

这是一种巨大的认知优势，但隐喻也带来了认知成本：我们很容易忘记隐喻并非全等于事物本身。如果有意识地使用，它可以帮助我们激发创造力，解决问题，更别提更高效地与他人沟通想法了。但若我们浑然不知自己在使用隐喻，则可能被其阻碍。以下是隐喻可能对我们起反作用的三种方式。

可能引发不良情绪

我难以忘怀曾经与一位女士谈论她的工作情况时，她差点要哭出来了。她说感觉自己像是在表演"转盘子"的杂耍，担心早晚会有哪个盘子坠地粉碎——而且这一天很快就会来到。从她的声音中我都能听出来那种惶恐不安，难怪她倍感压力。而这样度过一天是多么徒劳无功啊！她的工作涉及众多相互冲突的优先事项，我邀请她思考，是否可以换用其他隐喻来反映这种状况。我们尝试将她的工作比作一幅织锦，她在不同时刻牵引不同的线条，来织就全图，这个新意象惊人地改变了她的情绪状态。这个比喻更加平和、富有创意和目的性，在深入探讨时，她肉眼可见地放松下来。

可能制造冲突

作为组织的一分子，如果你的理念建立在家庭的隐喻上，即人们守望相助，秉持的核心价值观是信任、接纳和归属感，而另一个人使用的隐喻是精英体育团队，只有最近一次成绩才能定义你的表现，那么你们很快就会剑拔弩张。只有当每个人都理解了对方思维背后的隐喻，这种冲突才能浮出水面并得到解决。

可能限制我们解决问题的能力

2011年，保罗·蒂博多（Paul Thibodeau）和莱拉·博罗迪茨基（Lera Boroditsky）开展了一项著名的研究，显示隐喻如何潜移默化地限制了人们思考问题的方式。[*]他们进行了一项实验，在两组研究对象中分别设定两种不同的隐喻来讨论城市犯罪：对第一组人，他们将犯罪描述为感染城市的疾病；对第二组人，则将其表述为在城市中捕猎的野兽。然后他们请每个组提出解决方案。研究者发现，尽管受试者在意识层面并不知道自己接收了何种隐喻，但他们提出的解决方案仍然反映出背后的隐喻设定。借助病毒隐喻讨论犯罪的那组人提出了诊断—治疗—预防的思路，而接收捕食者概念的那组人则采用了捕获—执行—惩罚的逻辑。

探索性写作可以帮助我们洞察日常使用的隐喻，满怀好奇地探索它们，并更有意识地使用隐喻，使其更好地为我们所用。

---

[*] 保罗·蒂博多和莱拉·博罗迪茨基，"我们思考的隐喻：隐喻在推理中的作用"，PLoS ONE 2011; 6（2），e16782. https://doi.org/10.1371/journal.pone.0016782（访问日期：2022年8月10日）。

第9章 转化的冒险

然而，要想在探索性写作中游刃有余地使用隐喻，我们首先必须觉察到它们的存在。

揭示隐喻

这个练习很有用，可以开启你探测隐喻的雷达（噢，又是一个隐喻！），于是你能看到隐喻如何在不知不觉中左右你的态度和行为。

开始这个练习的最佳方式是回顾最近的一次探索性写作冲刺，特别是那些专注于在困难情况下进行意义构建的冲刺。如果你已经把过去写的东西扔掉、撕掉或付之一炬了，那就重新定一个6分钟的计时器，并根据以下提示进行自由书写：我的工作就是……

现在回顾你写的内容，尝试挑选出你使用过的所有隐喻。记住，它们可能就隐藏在平平无奇的看法之下——要毫不留情地识别出任何并非字面意义的表达，那很可能会比你以为的要多。你注意到了什么？是否有一个主导隐喻？哪些让你耳目一新？它们是有益还是无益？它们可能如何束缚你的思维或塑造你的行为？它们可能来自哪里？

为了帮助你开始，这里有一个常见的范例：

我的工作特别消耗人。我根本无暇静下来思考自己想做什么，只是疲于应付，总是在救火。每当有人来到我办公桌前，我就如临大敌，因为知道他们又要扔给我新的工作，我不得不同时处理。这着实让人筋疲力尽，而且同事们似乎并不领情，反而不断火上浇油。老板更糟糕——他不仅没有意识到我正为了维持现状而努力奔跑，还一直"传教"似地宣扬"大局观"和"个人发展"——这对他来说当然轻而易举啊，毕竟他坐在船长室里优哉游哉，我们却在发动机舱里汗流浃背——我们可是真在干事儿，谁有工夫考虑这些？

这里有很多隐喻，传达了一种恐慌和不堪重负的心态：特别消耗人（暗示工作是一头无法餍足的怪兽），试图灭火而其他人却在浇油，各种事情被扔过来，奔跑却无法前进，想象老板既是讲坛上的牧师又是豪华船舱里的船长；在幽闭的发动机舱里汗流浃背……

你认为这些心理意象如何塑造了作者的情绪状态？这对其工作及其与老板和同事的关系最可能产生什么影响？

诚然，这有点像隐喻的大爆发，但我在研讨会上听到的一些回应与此相去不远。有趣的是，大多数人一开始根本不知道自己在使用这些隐喻，对它们可能对自己在工作中的反应、情绪、人际关系和行为产生的影响感到震惊不已。

一旦你察觉到自己不经意间使用的那些隐喻，你就可以有意识地选择改变它们。正如那位女士原先以为自己是在转盘子，后来她决定重新将自己的职责视为以不同的线来织锦，你也可能会决定，与其认为老板在船长室优哉游哉而你在下面挥汗如雨，不如将他视为掌舵人，你和同事们一起划船，而老板把握方向并协调你们。这会改变他人的行为吗？

不会直接改变，但它会改变你的态度，你的态度又改变你的行为，这最终会改变别人对你的行为。

一旦你为自己完成了这个练习，就会发现自己变得与隐喻更加调谐（看，这又是一个隐喻），并且更能识破他人语言中的隐喻，不仅仅是自己的。这意味着你"装备升级"，更能明白那些看待世界的方式是如何塑造他人的体验和态度的。下次当你与某人讨论棘手的事情，或者收到一封难以应对的电子邮件时，要深入剖析：寻找其中的隐喻，并思考它们可能如何影响对方对该情况的感受。（你可以将此作为第6章中的同理心练习的变体。）

揭示正在使用的隐喻是一回事，而找到新的、更有助益的隐喻则完全是另一种技能。我最喜欢的一种方法是刻意隐喻，这既是一种实用的认知锻炼，又是一种社交绝活。

刻意隐喻

这是我所知最强大、最能激发灵感、最神奇的创意技巧之一，一旦将之收入囊中，你就再也不会为文思枯竭或问题难解而烦恼。它源于我们大脑建构意义的本能冲动——大脑总是不由自主地在看似毫无关联的事物之间创造模式和寻找联系。

进行"刻意隐喻"时，其特殊之处在于，我们的大脑里的故事并非唾手可得；它必须努力工作，实现创造性的认知飞跃，才能发掘出那些隐而不显的联系，因此这个建构意义的过程完全在我们的意识掌控之中。

如果你找能坐在一起亲身体验这个练习，那该多棒啊！我会请你去外面走一走，然后带回来三样东西——你可以真的带回房间里的三件实

探索性写作

物，你也可以只是回来告诉我你观察到的事物。你可能带给我一颗橡子、一只空的薯片袋，或者描述一架飞机飞过的场景。（我明白这些东西不像雪莱和济慈作品中那么富有诗意，但请耐心听我道来。）

如果你正有时间和兴致，那不妨立即付诸行动！出去散步，带回三样东西：可以是实实在在地摆在案头的；也可以是一个想法，随手写或画在便笺上——如果那些东西不方便带到室内的话。如果可以出去，尽量出去，你会发现，仅仅是呼吸新鲜空气、亲近大自然，就会令你神清气爽，富于创意！但如果现在无法外出，那就环顾四周，找出三样吸引你眼球的物品。

找好三样东西了吧？很好。

在这个练习中，我们将探索这些物件如何发出隐喻之光，照亮你所面临的问题。所以来到最后一步：选择一个你想要重新审视的现实问题或情况——可以是棘手的人际关系问题、资源短缺或结构性问题，任何事情都可以。

是的，我明白你可能正在看着你找来的物件，想着：真的可行吗？但这恰恰是关键所在：正因为此处不存在明显的相似之处，你才需要绞尽脑汁去寻找联系。当你找到时，你会又惊又喜，它们会向你展示前所未见的东西——而这，我的朋友，就是隐喻的魔力。

布赖恩·伊诺（Brian Eno）的表达很动人："如果你想抵达与众不同的终点，那最好从与众不同的起点出发。"[*]我们现在所做的，就是为你提供一个全然不同的起点，这会让你的大脑产生神奇的反应。

初次做这个练习的人经常会担心，他们看不出这能有什么作用，也

---

[*] 2014 年与《博学者视角》的对话，网址 https:// web.archive.org/ web/20220810194600/ http://polymathperspective.com/?p=3107（访问日期：2022 年 8 月 10 日）。伊诺与彼得·施密特共同创作了《迂回策略》，这是一副卡牌，上面印有随机建议，旨在激发艺术家的创造力，这个想法与刻意隐喻有些相似。

害怕"失败"。但请记住，它的效力不在于你找到的对象有多"好"，甚至不在于你多有创意，而仅仅在于你的大脑运作方式。我们已经知道了大脑本能地会对事物进行精细阐释，这种心智反射会不由自主地要对任何问题给出答案，并且我们有一套与生俱来的程序，会通过意义构建活动来建立事物之间的联系并赋予其意义。此处你依靠的是这两种基本的神经冲动，而无关自己的聪明才智。快速的自由书写冲刺意味着你无暇过度思考，它让你摆脱固有的思维桎梏，让大脑自由驰骋。

所以，设置好计时器，仔细看看你的三个随机物品，这次写作冲刺的提示很简单："X像Y，因为……"。其中X是你心中的一个问题或困扰，Y是你找到的物品之一。如果你在第一件东西上就文思泉涌，那你可以随意继续写满整整6分钟；如果你感到困难，你可以依次尝试每件东西，直到找到一个可以让你开始的切入点——只需运用你的判断力，觉得一个物品启发良多就一直写它，再在适当的时候转向下一个。

记住，没人会评判你在这项任务上表现得好或不好。就算毫无收获，嘿，你也只不过花费了一天中的6分钟而已。但我非常有信心，你会从这些看似风马牛不相及的前提中获得至少一两个新见解，你会大吃一惊的。

当我写作这一部分时，我自己也认真地再次做了这个练习。刚刚从运河边跑步回来，我把"乘窄船旅行"作为提示之一，而我手头的问题

探索性写作

是招聘新员工。即使我已经熟练掌握了这种技巧，起初我也还会想自己是不是选错了方向。在最初的一两分钟里，我完全找不到丝毫关联，写得有点勉强。突然我灵光乍现，发现自己写道：

"好的，必须把每样东西都安置妥当，因为狭小的空间里容不得半点杂乱，好像必须把一切都系统地写下来，因为它不再只存在于我的脑海中……"

接着：

"乘坐窄船旅行时，你必须非常慎重地考虑同行伙伴，因为他们必须熟练使用绳索、顺利通过船闸，而且你们还得能够在封闭空间中相处融洽，所以他们的态度至关重要——我该如何在岗位描述中巧妙体现这一点呢？"

这两点洞察都与我的议题密切相关，也颇有助益。写作过程总会顺利起来的——只要保持开放、乐在其中并信任这个过程！

我鼓励你多次尝试这个妙招（它真的像在变戏法），一方面当然是因为它能帮助你找到解决手头问题的创造性方案，另一方面，还因为它能增强你的自信，相信自己有能力在必要时打破常规，进行创新思维。你无须坐等恰当又完美的隐喻从天而降，相反，你可以就地取材，利用身边的资源来激发你的创造力。知道自己几乎能够在瞬间凭空创造出新想法，这将大大增强你的自信心。

到目前为止，我们一直在探讨探索性写作如何帮助我们在生活和工作中变得更好、做得更好。在本部分最后两章中，我们将探讨如何利用探索性写作为我们带来更好的感受：提升幸福感。

第 10 章

自我认知的冒险

在第 2 章中我们认识了"猩猩脑",即人脑中那个古老的、反应性(往往是过度反应)的部分。

尽管驯服"猩猩"并非易事,我们终生都需要学习如何更有效地控制它,但探索性写作可以帮到我们。

对此我推荐三种特定的方法:

○ 让猩猩感觉自己被倾听了;
○ 承认并赞美猩猩看重的东西;
○ 将猩猩本能的消极情绪转化为更积极的结果。

倾听猩猩

我们总是把"猩猩"拴得紧紧的,原因之一是,老实说,我们自己也晓得它有碍观瞻。我们不爱和消极的人待在一起,自己也不想得到那样一个消极的名声。另一个原因是我们害怕失控,我们心想:那只猩猩

探索性写作

一旦出笼，会有多狂暴啊？直面这种东西，那感觉该多糟糕啊！还是把它关起来吧！

《猩猩悖论》的作者史蒂夫·彼得斯（Steve Peters）教授曾与英国奥运自行车队一起工作，他规定：运动员们可以找他抱怨，但必须不停地讲满15分钟。实际上从来没人能做到。* 事实证明，如果我们真的完全放开猩猩，它根本无法在消极状态里待太久，它会失去动力。但是，由于我们往往并不肯如此全然地倾听它，结果它持续地点滴释放低强度的消极思想，而我们要花大量时间努力忽视它。

那只猩猩想要被倾听，忽视它并不能让它安静下来。探索性写作提供了一个安全可控的空间，借此你可以尝试听听它要说什么——看看里头哪些是真的，哪些可能不那么真实，接着就可以理性地思考，并根据需要以证据来回应。

在这段写作中，你内心的猩猩得到了表达的机会。找出一个引发你消极情绪的情境：可以是一次冲突、对自己或他人的挫败感，或者令你感到气愤或耻辱的事情。（要明智地选择。这只是针对日常挫折的魔法，故而要选择相对可控的事情，而不是真正意义上的创伤——后者可能需要找个专业的治疗师来帮助你。）

然后，在6分钟里自由书写，给予你的猩猩完全的自由。让它原原本本地说出它在想什么、感觉怎么样、为什么会有这

---

* 克林顿·阿斯克，"猩猩悖论——史蒂夫·彼得斯教授"，《城市财经伙伴》，2020年9月15日。网址 www.citywidefinancial.co.uk/the-chimp-paradox-prof-steve-peters/（访问时间：2022年8月10日）。

种感觉、这一切又是多么不公平，在纸上尽情来一番老式的自哀自怜或者咆哮发泄。不要评判，只是去关注它们。你应该不需要提示语，但如果你需要的话，试试这句："这事我不能告诉任何人，但……"

倾听你的猩猩可能会令人非常唏嘘或者不安，所以在回看写下的内容时，请善待自己。把自己想象成咨询师或只是一个聆听别人痛苦的好友可能比较有帮助，因为我们一般对别人比对自己更仁慈。

做这个练习时，人们通常会发现那些内容既有真实的也有不真实的，比如夸大其词、灾难化、笼统概括、主观臆测等。真实的内容往往关乎我们那些最基本的需求，比如肯定、安全感、自由，等等。若能学会识别我们自己的"指纹式需求"（语出爱丽丝·谢尔顿[*]），我们就不但能理解自己的猩猩为何会被激怒，还能懂得如何确保找出解决方案去满足那些需求，而不是否认它们。通过练习，我们也能更加熟练地注意到别人的这类需求；这是练习共情自己，进而可以有效扩展，让我们也更容易共情他人。

赞 美 猩 猩

一旦你听清了猩猩说的话，你的"人类脑"就要做出抉择，决定要

---

[*] 爱丽丝·谢尔顿，《让沟通更有温度》作者。

探索性写作

如何对待这些新获得的理解。

你大概已经知道了,仅仅是将负面想法写下来就能削弱其力量——这称为"情绪标记",是一种成熟的情绪调节技术。而我们现在还要更进一步,不只是减弱猩猩带来的负面影响,还要从中找出值得赞美的东西。

太疯狂了对吗?那堆负面的东西里能有什么值得称颂的呢?但要记住,带给我们最强烈情感反应的事物往往对我们来说最为重要。正如爱丽丝·谢尔顿所说:

如果我们能够开始明白,我们的感受是表达我们需求的珍贵信使,我们就能接受它们,搞清楚它们在对我们说什么,并且有觉知地据此行动。如果能正确地理解感受,感受就会成为我们的资源,而不会阻碍我们前进。在任何时候,我们的感受都会提示我们:什么对我们才是重要的。[*]

换句话说,如果你能明了什么东西最能戳中你的猩猩,就能发现自己最看重什么。丹·平克谈及后悔时也有类似的观点:

如果我们理解了人们最为什么东西后悔,我们就能明白他们最珍视什么……所以,当别人向你讲述他的悔恨之情时,他实际上是在间接地告诉你他最看重什么。[**]

另一个赞美猩猩的理由是,它证明你的本能运转良好:本能由恐惧驱动,如果不是因为恐惧,你都无法活到现在来阅读这本书。伊丽莎白·吉尔伯特(Elizabeth Gilbert)诗意地讲述了她如何改变了自己与恐

---

[*] 爱丽丝·谢尔顿,《让沟通更有温度》,第 75 页。

[**] 非凡商业图书俱乐部播客,第 318 集 (http://extraordinarybusinessbooks.com/episode-318-the-power-of-regret-with-daniel-h-pink/)。

惧的关系，把它当作创造性活动中不可避免的一部分，而不是试图克服它或逼它闭嘴：

我充满慈爱地与之对话，把它当作一个实体，对它有无限的慈悲。过了一段时间，我认识到这不是我有问题，而是人类固有的"出厂设置"。恐惧在进化中担负使命，那就是"别尝试新事物，因为其后果无法估量——有可能会导致死亡"。当你要做点创造性的事儿时，恐惧总是如影随形，因为在创造中，你必然尝试新事物，也不知道结果会如何……我曾与之战斗，认为自己应该更勇敢点，但我现在不这么想了。我想我要更善良、更好奇——而勇气就从中而来。*

猩猩可能会说些伤人的话，但一旦你认识到这一切的根源是：这种驱动力是为了保护你的安全，你就会更容易以慈悲心来对待它，并采取相应的行动。你可以承认你的猩猩看到的潜在危险或问题，并接受它，视之为要获取潜在收益而值得付出的代价。

☐ 所以在这个练习中，你将花 6 分钟对你的猩猩写一封感谢信，赞赏它，而不是把它逼回笼子里或者大吼让它闭嘴。用全新的、慈悲的眼光来回顾你在上述练习中写下的内容：你注意到了什么有用的东西？在哪些地方，猩猩以毫无保留的诚实揭示了对你非常重要的东西，而你此前从未意识到？它如何努力确保你的安全？

---

* 伊丽莎白·吉尔伯特，"超越恐惧而创造"，《隔离》，2020 年 11 月 19 日，网址 www.theisolationjournals.com/ blog/ no- 4- on- creating- beyond- fear（访问时间：2022 年 8 月 10 日）。

你或许仍然觉得不太能做到赞美猩猩，但你现在至少对它多了一点理解。如果你的猩猩感觉到被感激，以后它就可能不那么烦人了。（这也适用于大部分人。）

翻转猩猩

要应对这种消极情感倾泻而出的情况，还有一个忍者式的方法就是，不仅与"猩猩"共处，还要要转化它。在我们的第一个练习中，你已经清晰阐明了其中某些消极的故事及信念，并把它们带到光明之处以便好好审视；在现在这个练习中，你可以深入地写写它们，并且写到另一个层面，将它们看作潜在的超能力。

我不知道在本章第一个写作练习中，你的猩猩都抛出了些什么内容，但不管是什么，现在你手上都有了猩猩讲述的几个关于你自身及你的人生的故事，而且可能非常粗糙且残酷。人们在我的工作坊里做这个练习时，经常出现如下例子：

"我毫无原创的东西可讲。"

"我这人缺乏条理，又懒惰。"

"我赚不到钱。"

"我总是说错话。"

"没人喜欢我。"

这些话听起来很刺耳，表面看来也毫无裨益，但你现在已经知道，猩猩告诉你那些负面的话语，骨子里是想保护你。由于害怕危险，又怕自己失败或者放弃，它极度恐慌。于是，如果我们现在想改写那些故事，就不能只是无力地大吼回去："你说的话不是真的！"我们要采取更聪明的做法。相反，我们要在探索性写作中运用"柔道"，利用负面想法自身的力量去反击它，产生更有用的东西。

找一张尽可能大的纸，画一条竖线，这样你就有了两栏，左边比较窄，右边宽很多。在左栏顶端写下"猩猩说的话"，右栏顶端则写上"我如何翻转猩猩"。

这就是魔法要发生的地方：你将把在此前写作中的每条负面描述都转化成超能力。和之前一样，不妨假装你在和别人对话——或许是一位缺乏安全感的朋友，给他一些空间和慈悲。

举个例子，如果猩猩告诉你，你没有足够的经验应对眼前的挑战或职责，你可以将之转化为超能力：对你的经验不足表示赞赏，因为那代表你比该岗位上的熟手更为谦卑、头脑更开放，更有动力去学习。

把你自己想成控方律师，决心对猩猩发起控告，如果这样有帮助，就尽情地玩吧。你在做的就是进一步挑战猩猩的讲述，让自己看到另一种叙事，同时也练习了"趣味"和"心理复原力"。

那么，设置好定时器，画好两栏——"猩猩说的"和"我怎么翻转猩猩"——再开始自由书写，看看会发生什么！

探索性写作

　　既要允许猩猩将那些深藏的负面故事暴露出来，又要用更为积极、慈悲和好奇的态度去看待它们，这可能会有点难以平衡。如果你感觉自己还不太能做好，别慌，因为这是一生的训练，不是一次性的任务。

　　不过，随着你越来越频繁地进行探索性写作，你会开始更加信任这张纸，把它当作一个可以暴露自己的消极情感而毫无评判的安全空间，包括恐惧、后悔、受挫，甚至侮辱，你也会越来越自信，能够带着慈悲和好奇心看待它们。那些只是你向自己讲述的故事，同时它们揭示了关于你的有用信息，而你有能力采用其中有益的内容，改写无益的部分并继续生活。

　　更加全面地了解我们自己，并且接受那令我们难以接受的方面，这是探索性写作能帮我们感受更好的方式之一（相对于只是"做得更好"）。但这不是唯一的方式——我们在下一章中将对幸福进行更广泛意义上的思考。

第 11 章

探索幸福的冒险

究竟何为幸福？每当我遇见它、亲身体验它时，我便心领神会——然而，当我着手撰写这一章节时，我发觉自己竟无法准确定义它。

在我研究过的所有定义中，最令我心生共鸣的是 2021 年卡迪夫城市大学一群研究者的见解。他们将幸福定义为："个人资源库与所面临挑战之间的平衡点……稳定的幸福意味着个体拥有必需的心理、社交和身体资源，以应对特定的心理、社交和/或身体挑战。"*

我钟情于这个定义，有几方面原因。首先，它为个体差异留下了无限可能：对我而言，面对百人演讲可能是一项挑战，而你却可能在早餐前就能轻松应对。这种差异不仅存在于不同个体之间，也存在于同一个人在一天中的不同时刻，取决于当时资源与挑战之间的动态平衡。例如，平日里，我每天都会外出跑步，毫不费力，但有一天晚上我从一个贸易展会晚归，到家时已疲惫不堪，双脚酸痛，但为了不中断连续跑步的纪录，我还是穿上了跑鞋，结果发现自己快要哭出来了——绕公园跑几圈

---

* 蕾切尔·道奇、安妮特·P. 戴利、扬·赫伊顿和拉拉奇·D. 桑德斯，"定义幸福的挑战"，《国际幸福期刊》，2012 年第 2 卷第 3 期，第 230 页。

这件事竟让我如临大敌，仿佛要跑的是撒哈拉沙漠马拉松。我的体力资源已经枯竭，无法应对在平常可以轻松完成的任务。

我欣赏这个定义的第二个理由是，它暗示了缺乏挑战与不堪重负同样有悖健康——正如心理学家米哈里·契克森米哈赖（Mihaly Csikszentmihalyi）所阐述的，幸福，或用他的话说"心流状态"，存在于一个相对狭窄的区间，过之则焦虑，不及则无聊。*

我青睐这个定义的最后一个原因是——也与探索性写作最相关——它揭示了我们无须被任何挑战所压倒，只要我们能够适时增加资源来平衡，就可以应对这些挑战。

为自己提供资源

我们如何增加自身的资源呢？卡迪夫城市大学的研究者识别出三类挑战和资源：心理、社交和身体（或者互相组合）。我将逆向思考，评估探索性写作是否能在其中发挥作用——如果它有用的话。

身体层面

其实真没有什么神秘的东西，我们滋养身体的最好办法还是那些颠扑不破的古老原则，教练萨拉·米尔恩·罗（Sara Milne Rowe）将之简

---

* 米哈伊·契克森米哈赖，《心流：最佳体验的心理学》（莱德出版社，2002年，首次出版于1993年）。

洁地概括为SHED方法：Sleep（睡眠）、Hydration（饮水）、Exercise（运动）、Diet（食物）。* 如果你希望听到我说，探索性写作能够代替其中某一项，你恐怕要失望了。但或许令人惊喜的是，有证据表明探索性写作可以增强免疫系统并且促进睡眠**——所以先别太快否定它在这一层面的作用。

社交层面

在任何心理学家列出的幸福感所需的事物清单上，有意义的、积极的人际关系都占据重要地位。你可能以为探索性写作在这方面的应用空间有限，你得与人相处才能经营关系，对吧？但是，事实再一次证明，独自进行的探索性写作在社交领域也能产生不可估量的益处。例如，它能让我们在一个安全空间内思索社交中出现的问题，再决定是否要公开争论；并且，通过有意识地从他人的角度去看事情，我们的同理心加强了，继而人际关系也会改善。

有时候问题并不在于我们，而在于对方，换位思考同样能让我们理解为何某人表现如此烦人，而我们又该如何与他们讨论这个议题。

但更多时候——尽管我很不想承认——并不是别人的问题，而是我自己的问题。在这种情况下，上一章讲到的"自我认知"探索性写作能

---

* 萨拉·米尔恩·罗，《SHED方法：实现自信、平静和成功的新心灵管理技术》（迈克尔–约瑟夫出版社，2018年）。

** 海莉·菲兰，"这篇关于写日记的文章是怎么回事？"《纽约时报》，2018年10月25日。网址 www.nytimes.com/2018/10/25/style/journaling-bencfits.html（访问日期：2022年8月10日）。

让我发现自己有哪些"按钮"被触发了，继而承认自己的烦人之处，并在必要去向他人解释。这时，我将更有资源去解决问题，这对关系只会更有好处。（或者，它可能会揭示关系已走到尽头——这对幸福也是不错的发现。）

心理层面

但在最后一类情况下，在面对心理挑战时，如焦虑、消极的自我对话或者不满（哈喽，猩猩！），探索性写作才真的有了用武之地，成为一种帮助我们给自己充电，并维持幸福感的方式。

在每天的工作中，我们通常都面临着不确定性和压力，经常还要远程工作，总是"在线"。我们回家后（在疫情后，我所谓的"回家"是指"停止做我们通常认为是工作的那些事而转向关注生活中的其他方面"），也未必能够轻松下来。无论你是在听新闻、计算家庭开支以应付飙升的能源账单，还是计划着在晚餐聚会上给邻居们露一手，压力都不会少。有些压力是我们自己选择的，有些是被强加的。（注意我此处说的并不是临床上的抑郁症或真正的创伤——这些情况最好向受训的专业人士寻求支持——我们讨论的是日常生活中的焦虑，探索性写作的日常魔法最适合用于这些情况。）

本章接下来的部分将继续关注"为自己寻求资源"这一主题，首先，我们来简要回顾用写作来支持心理健康的发展历史。

治疗性写作

几个世纪以来，我们已经认识到，写作可能有疗愈性的一面。亚里士多德回应柏拉图对诗歌的批评，声称悲剧的价值在于它带来了"宣泄"，净化了遗憾及恐惧的情感——尽管平心而论，他谈的是悲剧对观众而非剧作家起的作用。弗洛伊德同样认为抑制情绪及创伤是危险的，尽管他主要讲的是谈话治疗而非写作。

不过直到1986年，在彭尼贝克（Pennebaker）和毕尔（Beall）的开创性研究之后，表达性写作（expressive writing）作为一种治疗工具的概念才开始受到关注[*]。詹姆斯·彭尼贝克研究了人体对压力（特别是测谎仪）的反应，他发现受试者坦白了自己的过失后，不仅压力减轻，还得到了情绪上的纾解。他开始研究敞开心扉谈论创伤经历（而非压抑它）对健康带来的影响。为了避免人们开口谈论深层个人议题在伦理和实操上的困难，他摸索出一套更可行的办法，并称之为"表达性写作"。

其成果是惊人的。有一组受试者被鼓励每天用15分钟书写过往的创伤体验，其长期健康状况显示出显著改善，包括看病的次数减少，而这一发现也在后续的实验中得到证实。与控制组相比，进行表达性写作的人焦虑减少了，记忆力和睡眠得到改善，工作表现也更好。

彭尼贝克为这个结果所吸引，他进行了进一步的研究，以查明写作实践中的哪些因素会带来最显著的改善。他发现，报告获益最显著的受试者往往会随着时间的推移改变视角，并更多地使用"理解""因为""原因"等"理解"类词语。为这些人带来更好感受的不仅是宣泄，而且也包括了对经历的加工。

---

[*] 詹姆斯·彭尼贝克和桑德拉·比尔，"面对创伤事件：理解压抑与疾病"，《变态心理学期刊》，1986年第95卷第3期，第274~281页。

探索性写作

朱莉娅·卡梅隆在《写作的权利》中也谈到了这一点。她引用了一位高管谈到在工作日进行探索性写作时的一个强大隐喻：

"我有太多需要消化的东西，"约瑟夫这样说，"在每一天里，我都会遇到很多人，做很多事情，我需要一个地方，可以让我问问自己到底对所有这些事情是怎么想的。若没有写作，我的生活就匆匆而过，未经审视。"*

约瑟夫与彭尼贝克的研究对象不同，他没有处理创伤。约瑟夫就像你我一样，只是因为生活中有很多事情发生，写作作为一种低级别、全天候的治疗干预，让我们不至于被压力压垮。

有了这样令人印象深刻的传统和证据基础，我们如何将探索性写作应用到日常生活和工作的方方面面呢？我相信探索性写作可以在以下四个关键领域支持我们的心理健康：

- 心理复原力；
- 为幸福建构意义；
- 自我辅导；
- 正念。

让我们进一步探讨这些领域，回顾一些我们已经学到的技巧和练习，并在此过程中尝试一些新的方法。

心理复原力

首先，提醒一下：本书不涉及治疗性写作。因此，在这里所说的

---

* 朱莉娅·卡梅隆，《写作的权利》，（海氏书屋，2017年），第84页。

"心理复原力"是指日常复原力,即在遭受破坏性或有压力的事件后,迅速恢复积极的心态并有效执行的能力,通常需要一定程度的适应和灵活性。

其次,免责声明:有时"复原力"这个术语被用来转移责任,让导致压力的不健康系统免受责备,而这些系统导致的压力却需要个体来应对。在这种情况下,正如布鲁斯·戴斯利所指出的,"若是他人要求你变得更有复原力,这可没什么帮助"*。更好的解决方案是修复系统。但如果修复这个系统不在你的控制范围内,那就集中精力,处理你**能**控制的事情,也就是你对压力的反应,即你的复原力。我并不是说这样做就是对的,我只是从实际出发提出建议。

50 年前,破坏性的事件很少发生,现在几乎每天都在发生,尤其是在工作中极为常见。这会为许多人带来慢性压力,对他们的健康和工作表现都产生负面影响,更不用说生病请假了(或者更糟糕的是,虽然仍在工作,但几乎无法正常发挥功能)。

在面对相同的破坏性事件时,心理复原力较高的人与较低的人受到的影响可能完全不同:更具心理复原力的工作者不仅更健康,而且往往有更好的工作投入和满意度,能够更有效地带领团队,也会更积极地从中学习、发展自己。

复原力涉及许多因素,包括我们刚刚看到的许多身体和社会福祉资源,但也有一些关键的心理资源,可以通过探索性写作得到很好的支持。

---

* 布鲁斯·戴斯利,《坚韧:解锁内在力量的秘密》,(基石出版社,2022 年),第 xiv 页。

对抗压力

在第 5 章中，我介绍了能动性这一概念，这是令探索性写作发挥功效的基本原则之一。压力最常见的原因之一是无力感，即我们无法控制自己的遭遇。但我们很少像自己想象的那样无力。探索性写作创造了一个空间，让我们重新获得自主权，感受到主宰自己经历的感觉。当我们重新获得讲述自己故事的能力时，也就可以更轻松地应对外部事件。

减少负面的自我对话

这是心理困扰的另一个常见原因。我们经常会假定发生的问题在某种程度上反映了我们自己。头脑中的大猩猩开始喋喋不休："如果我更有条理/更聪明/更有人脉（根据实际情况删除），这种事情就不会发生了。"

如果不加以控制，这种自我批评的自我对话很容易演变成消耗能量、制造痛苦的反刍式思考。俗话说，日光是最好的杀毒剂，在这里也同样适用：探索性写作将我们的自我对话暴露在阳光下，让我们看到这种内心独白的无益残酷之处。一旦我们看到它，就可以提出疑问和挑战，或者干脆不予理会，只是专注于我们可以控制的情况要素上，并看到有哪些解决问题的新可能。

增加趣味

正如好奇心是对抗恐惧的良药一样，趣味是压力的天敌。*成年人很难在平日里找到玩耍的机会——即使机会来了，我们也常常因为自我意识过强而无法抓住这些机会。这意味着，当我们身处一个安全和私密的空间时，探索性写作所固有的趣味性可以成为一种强大的复原力工具。一旦你掌握了诸如翻转黑猩猩或刻意隐喻等思维实验，就可以借助这些方法来戏剧性地颠覆困境，甚至将你的灾难性想法转化为喜剧。

为幸福建构意义

还记得意义建构吗？这是探索性写作的基本技能之一，你在第 6 章中已经对此有过了解。这一技能最有用的应用之一就是作为支持幸福感的工具。

当没有什么特别的事情发生时，我们的大脑就会悠闲地运转。大多数人大部分时间都是通过一套松散、不受监管的脚本和假设来管理自己的生活，这些脚本和假设对我们要求不高，并且在大多数情况下都能很好地为我们服务。这些都是思维习惯，我们几乎不会投入什么思考，就像每天早上我们无须细想，就会决定先穿哪只鞋子一样。当事情基本按我们预期的发展时，就没有必要进行明确的意义建构。

但当发生意外、新的或破坏性的事件时，旧的思维方式就会受到挑战。这可能导致黑猩猩脑产生消极的心理体验（愤怒、悲伤、否认

---

* 例如，参见卡尔·马格努森和林思·巴尼特，"游戏优势：嬉戏如何增强应对压力的能力"，《休闲科学》，2013 年第 35 期，第 129~144 页。

等），也可能导致人类脑以更有意识的方式来理解新的体验。无奖竞猜：哪种反应最有可能提高幸福感呢？

在日常生活中，我们主要有两种建构意义的方式：通过自己的思考，以及与他人交谈。探索性写作提供了第三种方式，也许是更有帮助的方式，因为它迫使我们表达思维，同时又允许我们探索不同的想法及其含义，而不受他人的议程、判断或假设的影响。

《组织中的意义建构》一书的作者卡尔·韦克（Karl Weick）指出，在工作相关的意义建构中，写作可以发挥重要作用："现在，将写作风格作为说服工具的自我意识写作已经爆炸式增长……但大多数人忽略了将写作作为理解工具的作用。"[*]

意义建构并不总是一个简单的过程。我们很少能迅速构建单一、清晰的叙述，来帮助自己理解和适应新的经验，从而恢复内在平衡，除非你采取偷懒的方式，告诉自己"该发生的就会发生"，又或者"我的星座运势告诉我今天会发生争论"。

部分原因在于，我们有多种理解经验的方式，正如第 7 章中的市政厅练习里提到的，我们内心有多个自我，都在争相为刚刚发生的事情发展叙事。

在现代社会里，除了精神分析师的沙发外，很少有地方可以让我们安全地探索自己的多面性。大多数时候，我们期望自己能够提供一个连贯的观点，而他人也期望我们如此。当有人问我对某事的看法时，他们期望听到我的观点能表达我对这件事的立场。而事实是，我的各个部分可能有着截然不同的意见。

让我们将这种情况放到现实世界中。想象你正在开会，马上就是午

---

[*] 卡尔·韦克，《组织中的意义建构》（奇哲出版社，1995 年），第 197 页。

第11章 探索幸福的冒险

餐时间了，会议还在拖延，市场总监刚刚提出了改变策略的建议。董事总经理问你："你同意那个建议吗？"你说："同意。"于是就这么决定了，会议结束了，你感到不满，对自己很生气，但不太清楚为什么。那天晚上你和伴侣吵了一架，睡得不好。

从外在来看，事情是这样发生的。但你的内心却更像是这样的：

"我同意那个建议吗？"

烦躁、饥饿的你："是的，随便吧，快点结束吧。我想知道今天的奶酥饼是什么。"

有社交焦虑的你："我想知道人们对我有什么期待。我应该同意还是不同意？我应该发表意见吗？如果我不同意，X会怎么想？"

怀有权益争夺动机的你："如果我对此表示同意，Y将更有可能支持我下周要提出的想法。"

深思熟虑的你："感觉不对，但我无法解释为什么。"

以正常的对话速度，这个深思熟虑的你很少有机会发表意见。但化几分钟时间进行探索性写作冲刺来探索这种不安感，可以让深思熟虑的你找到本能反应的根源。即使只是在午餐时间独自花几分钟与一张纸相处，也足以让深思熟虑的你重新回到房间，并要求重新考虑那个决定。这很可能会挽救公司免于为潜在错误付出昂贵的代价，同时让你更有可能与伴侣度过一个愉快的晚上并睡个好觉。

事实上，仅仅意识到存在多种回应和叙事，就可能对我们的幸福感产生重要影响。这让我们可以摆脱最初想法的控制，并提醒我们总是有选择的余地，即使我们第一眼还看不到更多选择，也很少会像自己想象的那样无力改变。

探索性写作

自我辅导

通过探索性写作进行意义建构的过程本质上是一种自我辅导，因此可以推断，如果我们在其周围构建一些辅导结构，就可以使这个过程更有助益，带来更多力量。是的，仅仅允许自己讲述一个故事就能发挥作用，因为这迫使我们找到词语并构建意义。但是，如果我们能深思熟虑地回顾自己讲述的故事，就能将其发挥的影响提升到潜在的变革性上。例如……

自我辅导的一个简单技巧是设定一个类似辅导风格的问题，作为你日常探索性写作冲刺的提示。想一想你最近完成的某个重要项目、对话或任务，并利用你的写作冲刺来反思，可以使用以下一个或多个提示问题，或者用你自己的提示问题：

"哪些方面做得不错？"

"如果我再次处理这个问题，会采用哪些不同的方式？"

"这个项目中最具挑战性的方面是什么，为什么会这样？"

"我是如何决定采取哪个行动的？"

"我是如何阻碍自己的？"

"我从中学到了什么主要的教训？"

另一个有助于支持幸福感的辅导实践是：注意并挑战你的限制性信念。一旦你养成了探索性写作的习惯，就会注意到以前看不见的思维模式。回顾一下你最近的写作冲刺，找一个以"我总是……"或"我从不……"或"我不能……"开头的句子，你很可能会发现其中隐藏着某种限制性信念。现在就去找一个有趣的例子，或者简单地完成句子"我总是……"，以此来生成一个例子，尽可能快地完成，多长时间做一次都可以，然后在一次新的写作冲刺中加以检查。你可以问自己：

"这**总是**真的吗？什么时候不是真的？"

"有什么证据支持这种信念？"

"这基于什么假设？"

"有没有一种不同的或更有帮助的看待事物的方式？"

即使你能幸运地接触到一位优秀的教练，养成自我辅导的习惯也会是一项非常宝贵的技能，因为没有教练能够全天候为你服务。

正　　念

我将正念放在最后讨论，原因有几个。毫无疑问，它是提升幸福感和心理健康的重要因素，但这个词几乎被过度使用到了令人发指的地步，而且似乎难以定义。大多数人至少同意，它关乎放慢节奏、完全投入当下，与自我觉察而非自我意识相关，让我们与自己的思想分离，以便审视那些思想——事实上，这与投入探索性写作的体验并无不同。

然而，在大多数人心目中，与正念最常联系在一起的实践不是写作，而是冥想，这正是我所困扰的地方。

我愿意承认冥想是有益的——事实上，鉴于大量科学证据，我如果否认这一点就太愚蠢了——但事实是我不擅长冥想。坦白说，我会感到无聊，而且我发现很难保持注意力集中。如果你和我一样，那么你并不孤单——知道这一点可能会对你有所帮助。同时，不是冥想高手并不意味着你只能过未经审视的人生。

正念不等于冥想。事实上，人们多年来一直在使用各种活动来练习正念。

罗伯特·派西格（Robert Pirsig）的经典之作《禅与摩托车维修艺

术》是我青少年时期最喜欢的书之一。书名中将神秘的东方灵性与修理摩托车这样平凡的事情联系在一起，这激发了我的想象力。当然，正如派西格指出的："你真正在修理的，是一辆名为'你自己'的车。"[*]我既不是哲学家，也不是骑手，但探索性写作之于我就像就摩托车维修之于派西格：一个让我找到自己的地方。

我不是唯一一个建立这种联系的人。彼得·埃尔博（Peter Elbow）将他认识的"禅"描述为"当你集中精力的同时放下控制的自我，那一刻所产生的独特力量和洞察力的增强"。[**]这是我所能想象的对自由写作最好的描述。而梅根·海耶斯将她的《写作与幸福》一书的副标题定为"记录事物的日常禅意"。

对我来说，探索性写作是比冥想更强大的正念工具，因为它提供了一个焦点，让我停留在当下，并给我空间去探索。

事实证明，我并不是唯一一个有这种感受的人。根据生产力专家弗朗西斯科·达莱西奥（Francesco D'Alessio）的说法："冥想是一种有效的解决方案，但不如日记写作有效。就研究的科学效益以及为焦虑和抑郁症患者提供前进方向而言，日记写作胜过冥想。"[***]

（是的，我知道他说的是"日记写作"，但在我看来，这只是探索性写作的一种简称——而这是我的书。）

摆脱了表现的压力，你可以使用探索性写作更充分地投入当下，不

---

[*] 罗伯特·派西格，《禅与摩托车维修艺术》（温特吉出版社，1991年），第267页。
[**] 彼得·埃尔博，《有力的写作：掌握写作过程的技巧》（牛津大学出版社，1998年），第16页。
[***] 弗朗切斯科·达莱西奥，"日记背后的科学：大脑的反应"，Therachat网站，2018年12月28日。网址 https://blog.therachat.io/science-of-journaling/（访问时间：2022年8月10日）。

加评判，将所有感官投入到任务中，加深你的觉察。当你感到有压力或焦虑时，这是一个让你摆脱混乱的好方法。

正念源于灵性，所以从这个角度来思考探索性写作也不是什么大的跨越。我常常认为，当我第一次在凌晨三点的绝望时刻发现探索性写作时，我的写作与《圣经·诗篇》中表达的那种痛苦并没有太大的不同：

"耶和华啊，求你可怜我，因为我软弱；耶和华啊，求你医治我，因为我的骨头发战。我的心也大大地惊惶。耶和华啊，你要到几时才救我呢？"*

我喜欢想象大卫在他灵魂的长黑夜中有着与我相似的本能：他转向纸页来表达他的焦虑，以炽热的诚实在上帝面前记下他的思想和感受，在这个过程中找到慰藉并重新坚定信仰。

无论你有什么信仰，甚至即使你完全没有信仰，都值得记住这个原则：我们的生活中有一个精神维度，它可能被日常琐事所掩盖，但在凌晨三点的时刻，我们却难以否认它的存在。

写作可以成为一种邀请，让我们可以去回应精神维度，可以向一个不会被震惊的神倾吐一切。这个神不仅能承受我们所能抛出的任何悲伤、内疚、焦虑或痛苦，还能帮助我们获得新的视角。许多最有力量的诗篇被称为"扬升之歌"并非巧合，朝圣者在接近耶路撒冷时使用这些诗篇，它们也象征性地反映了向信仰的仰望：

"我要向山举目，我的帮助从何而来？我的帮助从造天地的耶和华而来。"**

---

* 《圣经·诗篇》6:2-3，现代标点符号和合本（2009年）。
** 《圣经·诗篇》121:1-2，现代标点符号和合本（2009年）。

有证据表明，祈祷对我们的心理健康有益。*这种焦虑思想的外化和表达可能是其中的原因之一，为他人祈祷也有增强同理心方面的益处。你可能更愿意将此视为冥想，而非祈祷：在许多传统中，二者之间并没有太大区别。

以这样一个崇高的论调作为这部分的结束似乎很恰当，但请不要就此止步。

页面比你想象的还要宽广……

---

* 例如，2009年的一项研究表明，"抑郁和焦虑显著改善，日常精神体验和乐观情绪增加"。彼得·A.博伦斯、罗伊·R.里夫斯、威廉·H.雷普戈尔和哈罗德·柯尼希，"祈祷对抑郁和焦虑影响的随机试验"，《国际医学精神病学杂志》，2009年第39卷第4期，第377~392页。

第 3 部分
更深入的探险

恭喜——现在你已经是一位经验丰富的探险家了。希望你喜欢第 2 部分中的写作冒险。请记住，这里给出的所有练习只是为了让你开始自己的冒险，你可以随时根据需要进行调整，甚至可以完全忽略这些提示，尝试不同的做法。

本书的重点是将写作作为一种工具，用于个人探索，以及生活和工作中的发展提升。但在我们结束之前，这里有一些有关"超越"的想法：超越传统上设定的写作范围，超越你自己，走向世界，超越这本书的结束……

第12章

超越语言

当我们想到写作时,首先想到和主要想到的都是文字。但在这一章中,我们要来看看非词汇的标记式写作方式。或者,你可能更习惯将其称为绘画。

画画?我能听到你说:我以为这是一本关于写作的书呢。

是的。为什么要搞二元对立呢?绘画、写作,都只是利用页面来理解意义的过程。我如此热衷于使用纸笔来进行探索性写作,而不是使用电脑键盘的原因之一是,我可以根据思维需要,轻松地在词汇和非词汇标记之间切换。但如果你不习惯"画出"你的想法,你可能需要一些论证来确信这值得一试,同时也需要一些开始的建议。

标准的基于文本的冲刺式叙事写作基本上是沿着线性路线进行的,尽管松散,但仍跟随着思维的脉络。但思维并不总是线性的,特别是如果你不属于神经典型人群(不是一个"神经典型人",就像我那个非神经典型的女儿所说的那样……),那就更是如此。因此,任何一种能够让我们以更具空间性的方式展示关系的思维捕捉技术,都是对探索性写作技能的宝贵补充。

探索性写作

多年前，当我还在企业工作时，我和我的主管坐在一起讨论部门里的一个资源问题。讨论了几分钟后，他拿起他的记事本，横过来，开始画方框和箭头。他注意到了我惊讶的表情，然后说："我 50 岁才意识到，如果你把一个问题画出来，就可以只用一半时间去解决它。"我一直很感激他在我 30 多岁时就让我学会了这一点，而不是让我几十年后自己去领悟。

人类是视觉动物：我们吸收视觉信息的速度可能是书面文字的数百甚至数千倍，而且我们也更容易记住这些视觉画面。若能将视觉技巧融入你的探索性写作实践中，你就可以运用整个大脑，包括右脑和左脑，可以更有创造力地工作，识别元素之间的联结、模式和关系，更清晰地整理自己的想法，并在分享时更有效地传达这些想法。

这不是要创作伟大的艺术品。"我不会画画"不是借口：我不是要求你模仿毕加索"蓝色时期"*的作品。话虽如此，就像在没有人看的情况下写作有助于你更自由地表达想法一样，在无人窥视并发表意见的情况下画画也是一种解放的体验。（你甚至可能会发现自己有画画的天赋，如果是这样的话，我要从你第一幅画廊售出的作品收入中收取佣金！）但即使你无法拉上窗帘，你仍然**可以**将想法放入框中并画线连接它们，这可能就是为你的思维注入新的创意动力所需的一切。视觉思维意味着以不同的方式思考你的想法，这将为你打开一个充满不同可能性的世界。

被我说服了吗？那么让我们从最简单的视觉技巧开始，我几乎肯定你已经对它很熟悉了：思维导图。

---

* 译注：毕加索在 1901—1904 年间创作的作品中使用大面积蓝色，那个时期被称为"蓝色时期"。

第12章 超越语言

思维导图

思维导图是最受欢迎和最有用的视觉技术之一。这个术语是由托尼·布赞（Tony Buzan）创造的，但这种辐射式图表已经存在很久，就像人们将思维记录在纸上的历史一样久远。

你几乎可以用思维导图做任何事情——在规划一本书、一篇博客文章、一份演示文稿、一次课程等很多内容时，我都会选择从思维导图开始。它们也非常适合将庞大的目标和项目分解为若干组成部分，这样你就不会感到不知所措，而是可以真正开始行动。

让我们从基本知识开始。简单来说，思维导图就是一个分层的辐射式图表，你关注的问题位于页面中间，这个问题从中心向外，辐射出几个主题，每个主题又链接到相关想法的下级主题。

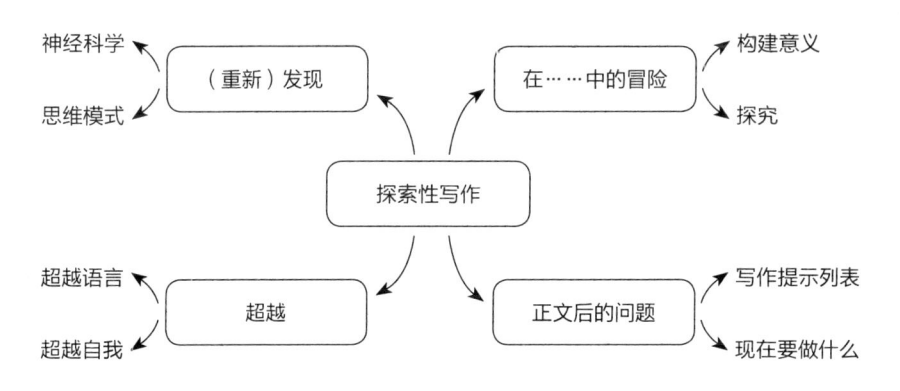

```
神经科学 ↘                                    ↗ 构建意义
          (重新)发现  ←→  在……中的冒险
思维模式 ↗                                    ↘ 探究
                      ↕
                   探索性写作
                      ↕
超越语言 ↘                                    ↗ 写作提示列表
            超越    ←→    正文后的问题
超越自我 ↗                                    ↘ 现在要做什么
```

我猜你对基本思维导图已经非常熟悉，甚至可能有自己喜爱的软件工具。但即使你已经熟练掌握在线工具，从手绘思维导图开始也有其优势。以下是其中一些原因：

- 与在键盘上打字相比，在纸上使用笔的动作可以更充分地激活你

- 的大脑[*]，这会让你更有创造力。
- 可以将新的思维导图在桌子、墙壁或白板上放一两天，你有多次机会来对它进行扩展，你可以捕捉新的想法或找到新的联系。这种方式有一种强大的力量。
- 它是无摩擦的——不需要学习令人烦恼的键盘快捷键——这意味着你的全部注意力可以放在思想本身上，而不需要掌握软件。
- 它可以随时使用——当灵感来临时，无论在哪儿，你都随时可以拿起一支笔和一张餐巾纸，或使用旧信封的背面来画图。

那么让我们试一试吧。选择一个你脑海中的主题——可以是一个项目，一个需要解决的问题，或者只是一个你想花更多时间思考的有趣想法。然后找到你能找到的最大的纸张——A4大小可以，A3更好，如果你能找到一张白板纸或一卷装修衬纸，那就太棒了——把这张纸展开放在面前，将你想要探索的主题写在中间，在计时器上设置6分钟的计时，然后开始制作思维导图吧！

事后，花点时间反思一下。这种更加视觉化的技巧在质量上与你迄今探索过的探索性写作技巧有何不同？你的能量发生了什么变化？你的大脑运作方式有何不同？你如何能够将这种

---

[*] 例如，奥黛丽·范德米尔和鲁德·范德维尔，"只有三根手指在写字，但整个大脑在运转：一项高密度脑电图研究显示，绘画在学习中较打字更有优势"，《前沿心理学》，2017年第8期，第706页。研究者得出结论称"与在键盘上打字相比，手绘能激活大脑中更大的网络"。

更加视觉化的技巧与你已发现的工具结合起来使用？

图形组织工具

思维导图只是一组工具中的一个，这组工具被宽泛地称为图形组织工具。如果你曾经用幻灯片软件展示年度业绩，你可能会对其中一些工具感到非常熟悉——条形图、饼图、组织层级图等；另一些可能常见于书籍和文章中——表格、图表和图示。

我们习惯于将这些视为事后组织数据的方式，在我们搞清楚自己要说什么之后，会把它们当作沟通工具。但图形组织工具对于探索性写作也有宝贵的价值，它们可以帮助你理解概念之间的关系，从而更清晰地理解这些想法本身，并生成新的关系。

要完整地介绍所有这些工具需要一本书的篇幅，因此我在这里只重点介绍在探索性写作中特别有用的几种工具。我要从我最喜欢的2×2矩阵开始，它也被称为"魔法象限"（在我看来，这么说毫不夸张）。

2×2矩阵

这个矩阵的原理很简单，就是选择两个变量，将它们放在两个坐标轴上组合在一起时，会生成四个象限或选项。

最有名的矩阵之一是艾森豪威尔矩阵，最初由德怀特·艾森豪威尔

探索性写作

（Dwight Eisenhower）将军开发，史蒂芬·柯维（Steven Covey）在《高效能人士的七个习惯》中将其推广给大众。

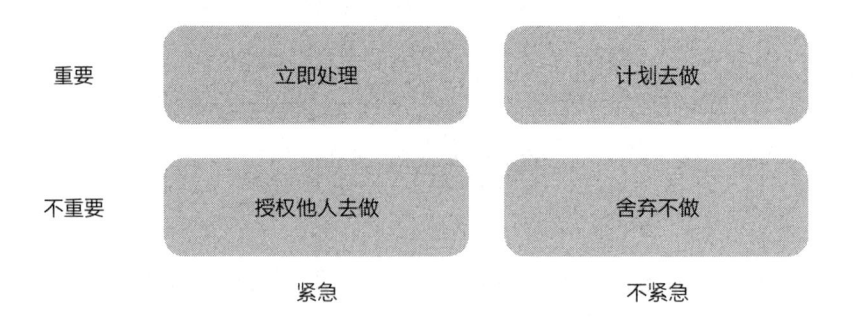

	紧急	不紧急
重要	立即处理	计划去做
不重要	授权他人去做	舍弃不做

在这个例子中，使用的两个变量是：

1. 某事是否重要；

2. 是否紧急。

艾森豪威尔赋予每个象限一种策略：

不紧急、不重要：舍弃；

紧急、不重要：授权；

不紧急、重要：决定或计划去做；

紧急、重要：立即处理！

这是一个简单、有用的框架，可以帮助你评估每天面对的事情。

另一个（目前还不太出名的）2×2矩阵是我在探索写作思维的早期创建的，用于对商务写作进行分类：

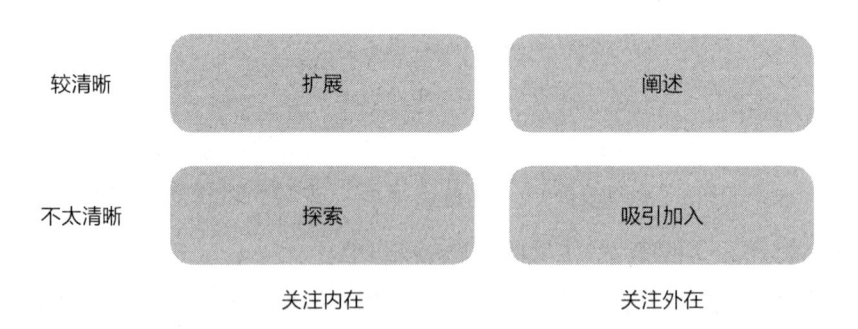

	关注内在	关注外在
较清晰	扩展	阐述
不太清晰	探索	吸引加入

· 116 ·

第12章 超越语言

虽然它可能还没有艾森豪威尔矩阵那样广为人知，但它对于发展我的思维非常有帮助，也帮助我向人们解释我的想法。你会注意到，我将这些表述为一个连续体，而不是二元选项，我发现前者通常更现实。

当我进行探索性写作时，我完全处于左下角的象限中：想法不清晰，写作只是为了我自己。当一个想法成形，我围绕它进行更多具体的写作时，会进入左上角的象限，我对自己要表达的内容更加清晰。通常情况下，我也会同时从左下角移动到右下角的象限，邀请我信任的其他人加入，"推广"这个想法，获取反馈，吸引他们对此产生兴趣并投入其中。最后，在某个时候我准备好将这个想法推向世界：你目前正在阅读的这本书位于右上象限——具有最高的清晰度（我希望如此），并且触及我尚未认识的读者（你好！）。

你几乎可以在这些象限上绘制任何类型的商务写作。像这样组织思维带来的一个好处是，我意识到了右下象限的重要性——当我们的想法仍不清晰时，可以如何与他人互动来帮助我发展这些想法——这是我以前没有完整描述过的。

这个练习还有另一个有用的产出，它迫使我想出一个词来描述每个象限——这就是"探索性写作"这个术语的起源。

☐ 准备好创建一个你自己的 2×2 矩阵了吗？首先，免责声明：这可能有非常好的效果，也可能效果不佳。如果效果不佳，没关系，我们只是在探索，即使结果很糟糕，你也只是浪费了 6 分钟。（但我认为你可能会有惊喜。）

同样，选择一个你正在考虑的问题，比如你的领导风格或专业理念，一个你很难向客户解释的概念，或者其他任何事情，然后开始选择你的两个轴——这些可以是二元的，比如艾森豪威尔的（紧急或不紧急），也可以是一个连续的，就像我的（较清晰或不太清晰）。

和所有形式的探索性写作一样，坐在那里考虑如何开始并不那么有用，更有用的是开始行动，所以只需快速画一个2×2的方框，开始尝试——如果第一个不太对，就试试另一个。你不太可能用6分钟完成一篇文章，但花6分钟做这个练习，这**非常**有可能会推动你的思维发展，并使你获得一两个有用的见解。希望你能画出一张草图，以便将来进一步完善。

如果真的遇到困难，不妨退后一步。花点时间使用上面提到的2×2矩阵示例——艾森豪威尔矩阵或商业写作矩阵——并将其应用到你自己的事务中，以了解它们在实践中的用法。你一旦对原则有了更清晰的认识，也许就会在未来几天甚至几周内想到使用这个模型的点子。

如果你觉得这个练习很难，不要担心：记住，这不是为了得到"正确"的答案或高分，而是为了扩充你的思维工具箱。无论如何，请花点时间反思使用视觉模型的经验：它有何帮助？有什么挑战性？未来你可以如何发展自己的初级矩阵？

鱼骨图

另一个有助于支持探索性思维的图形组织工具是鱼骨图，这是在20

第12章 超越语言

世纪 60 年代由石川馨（Kaoru Ishikawa）教授开发的，是他在质量控制方面的工作的一部分。

这是一张"穿着西装"的思维导图。标准思维导图可以让你随心所欲地四处游走——事实上，这正是它的全部意义所在——鱼骨图为更严谨地调查某事——通常是你想要解决的问题——提供了结构。这一工具非常适用于项目管理和业务分析，但在探索性写作实践中同样表现出色，我喜欢将其用于逆向工程解决方案，而不是诊断问题。

无论你打算如何使用它，原则都是相同的：你首先要创建鱼头，就像思维导图的中心一样，这是正在调研的主题，它可能是一个你想更好地理解以避免再次发生的问题：在这个例子中，是一个错过的截止日期。请把这个主题写在纸张的最上方，然后从那里往下绘制一条长长的水平线，形成鱼的脊柱。

现在，魔法时刻来了：你要确定导致这一结果的主要因素，并将它们列为鱼骨向外的分支。在这里，使用主要分支来分类是有用的做法——在这个例子中，你可以看到人员、方法、测量等分类。每个类别的标题列在分支线的末端，然后你就可以进行拆分了，沿着每个分支画出水平线，并列出导致整体问题的具体元素。例如，在这个图表中，"人员"下的原因包括一位管理过于精细的老板和一位缺席的秘书。（听起来像是很可能发生的办公室剧情，不是吗？我认为那把吱吱作响的椅子也发挥着关键作用。）

这是一个非常有用的工具，因为它代表着解决问题，如果你有需要解决的问题，尽管继续使用它。但是在这个练习中，我建议做一个转变，将它从一个实用的图形组织工具转变为一种纯粹的魔法，即将其转变为一种指向未来梦想的工具，而不是指向过去的分析。

探索性写作

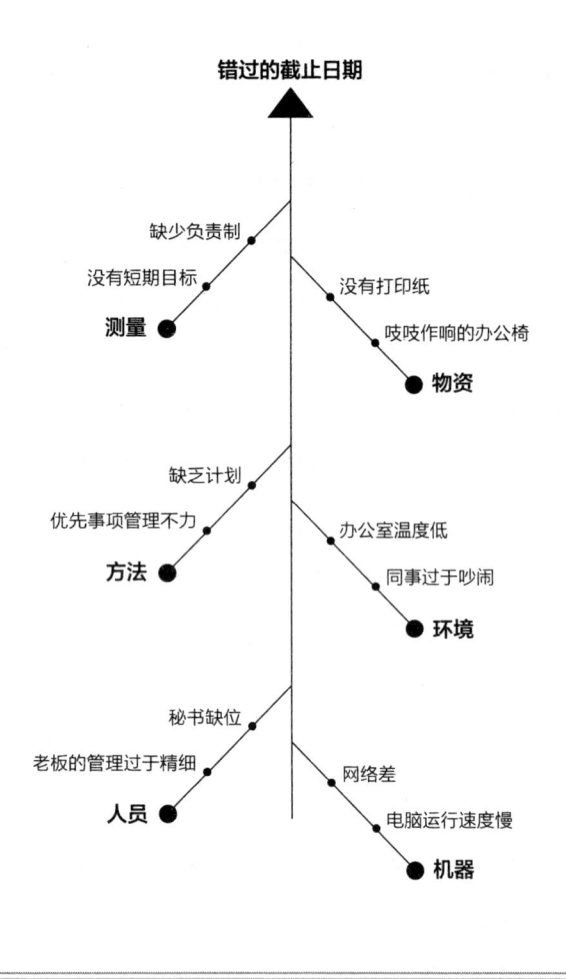

```
                    ▲ 错过的截止日期
                    │
          缺少负责制 │
         没有短期目标│
              测量 ●─┤ 没有打印纸
                    ├─ 吱吱作响的办公椅
                    │         ● 物资
                    │
             缺乏计划│
         优先事项管理不力│
              方法 ●─┤ 办公室温度低
                    ├─ 同事过于吵闹
                    │         ● 环境
                    │
             秘书缺位│
         老板的管理过于精细│
              人员 ●─┤ 网络差
                    ├─ 电脑运行速度慢
                    │         ● 机器
```

　　像前面那样画一条鱼的脊柱，但是不要把头部作为需要理解和修复的问题，而是把期待的产出放在那个位置，然后往回倒推，看看有哪些因素可能会贡献于这个结果。例如，想象一下，在上面的图表中，鱼头处的文本是"项目按时交付"。然后设置6分钟的计时，尝试填写分支上的项目，以实现你想要看到的结果。如果你愿意，可以称之为逆向工作。

　　无论你选择哪条路线，都会发现有些分支比其他分支更容易完成，这本身就很有趣——也许值得在更细的分支上再多花些时间，也许询问其他人有助于揭示一些你不知道自己不知道的事情。

完成后，你可能会发现自己想到了许多行动和主意，确保你捕捉到了这些内容。你甚至可以使用艾森豪威尔矩阵进行优先排序并实施！反思一下这个过程：采用更结构化的视觉方法是否更有帮助？在什么情况下，这种方法可能比思维导图更有用？

概 念 图

在本节中，我们要来看一组应用广泛、非常灵活、可无限扩展的模型：简单的概念图，用于展示任何给定主题的元素及其相互关系。

我将给出三种不同的类型概念图作为开始：流程图、循环图和关系图，它们存在一定程度上的重叠。（请记住，我们在这里考虑的是轻量级工具，用于支持早期探索性思维，并非更复杂的分析或展示工具。若你曾与商业分析师一起工作过，可能会熟悉较复杂的工具。）时常告诉自己：没有错误的方式。这些是跳板，而不是要完全复制的模板。

流程图

流程图是一种简单的线性方式，用于捕捉关键阶段及其顺序，你可以根据需要添加更多描述。

探索性写作

第一步　第二步　第三步

我知道这看起来简单得令人发笑。但关键是，即使要画出这么简单的顺序，你也必须在脑海中澄清这些关键阶段是什么，它们的名称是什么，这本身就是一个有价值的过程。当要将你的想法传达给其他人时，较有帮助的做法是先展示整个过程，再深入细节，这会让他们有方向感，更容易吸收和记住信息。

循环图

基本线性流程图的变体是循环图，用于表示更具迭代性的过程。这里我插入了最近演示中用到的一个关于出版流程的循环图，你可以注意到，营销在整个过程中确实处于核心位置。

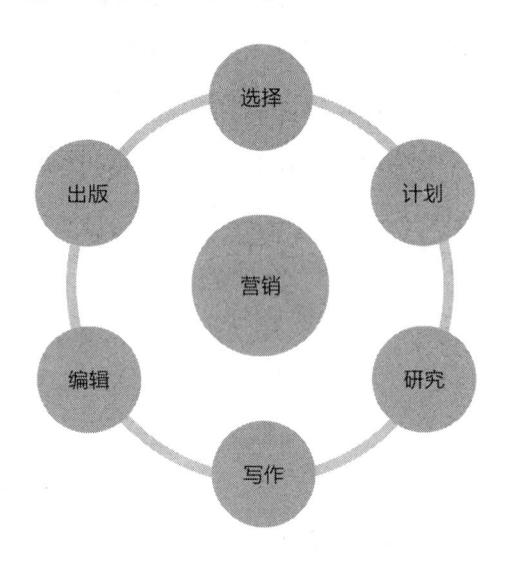

你可以用各种方式装饰基本循环图——循环内的循环、循环序

列，打破循环的进入点和离开点——任何有助于捕捉你的概念的方式都可以。

关系图

在本节中我们要介绍的最后一种概念图是关系图。流程图和循环图都在试图捕捉过程的流动，而关系图更专注于概念元素之间的关联方式。

其中最著名的关系图之一当然是金字塔，如马斯洛的需求层次理论中使用的金字塔——我有一个特别喜欢的互联网版本，略显谐谑。

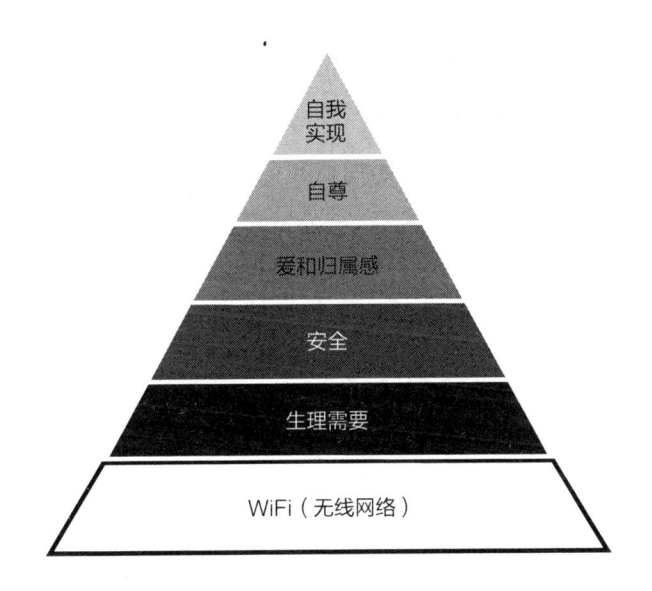

```
        自我
        实现
         自尊
       爱和归属感
          安全
        生理需要
      WiFi（无线网络）
```

金字塔表明了从底部到顶部的逐步发展，只有在下面的级别就位时，才能到达更高级别。它有助于表达依赖性、复杂性和精细度逐渐增加的情况。

另一个有用的经典是维恩图，它也非常适合用来制作表情包，我在这里插入了一个我特别喜欢的例子。

探索性写作

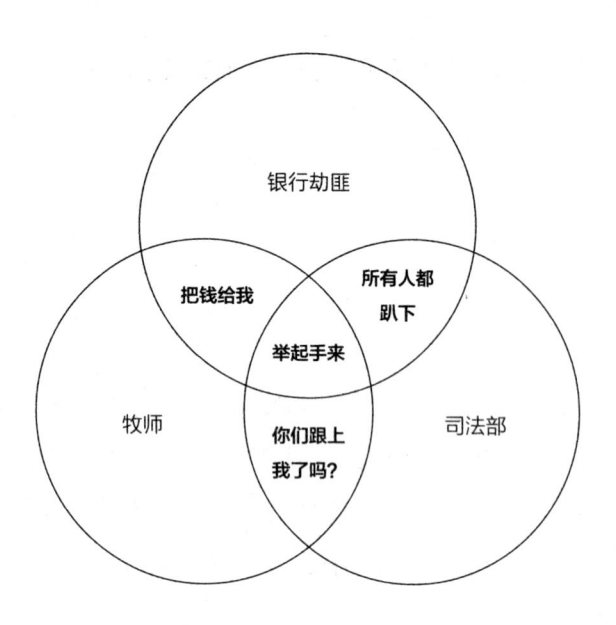

但这也是一个有用的模型，可以帮助你在思考营销信息时，确定自己与众不同的地方。我使用一个简单的维恩图来帮助商业书籍的作者确定他们书籍的主题，使用"我的专业知识""我的客户需求"和"未来"作为重叠的圆圈。三个圆圈交汇的中心点是商业书籍的最佳主题点。

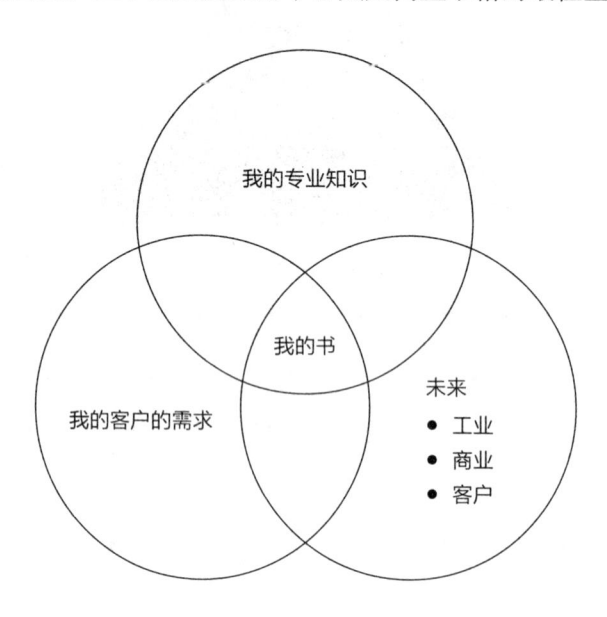

自定义模型

应用这些经典模型是很好的开始,不过,我们还可以对它们进行调整,并创造全新的模型,这里充满了无限的可能。下面这个例子更具画面感,是由贝基·霍尔(Becky Hall)在她美丽的书《关于足够的艺术》[*]中开发的模型。

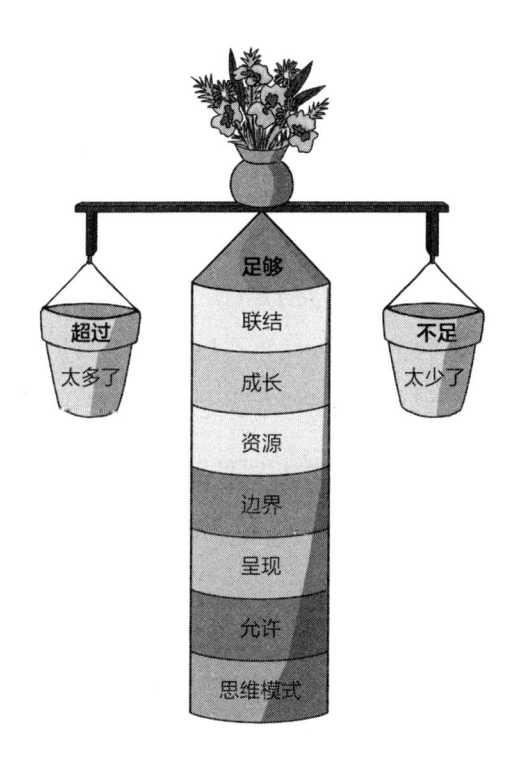

你会看到,这个模型阐明了她关于"足够"的概念的关键组成部分,以及它们如何共同创造了一种在稀缺感(感觉自己不够好)和过剩感(感觉不知所措)之间的平衡。这是一个很好的示例,展示了从类比(参

---

[*] 贝基·霍尔,《关于足够的艺术:建立平衡生活和繁荣世界的7种方法》(实用启示出版社,2021年)。

探索性写作

见第 13 章"类比"一节）中发展出的一个图形组织工具，也是一个令人印象深刻的视觉目录。

那么，对你来说，开发一个独特的视觉模型会是怎样的体验呢？在你尝试之前，让我们先走一遍这个过程。

请记住，这是探索性的、早期阶段的、不太完美的尝试[*]：你不太可能在第一个 6 分钟冲刺结束时就找到可以与世界分享的东西。但你可能会得到一些有发展潜力的想法，或者至少是找到一种思考这个问题的新角度（在任何一次探索性写作中，我们都会有这样的成果）。

这并不容易。那为什么要费力来这样做呢？在我看来，有两个原因：

1. 正如你已经发现的，通过视觉方式勾画出你的想法，会给你一种与线性书写不同的视角。它不一定更好，只是不同，在探索阶段，你会希望以尽可能多的方式来理解你的素材，因为你尝试的每种新角度都会展示一些新鲜、有趣的东西。使用已有模型会有帮助，但开发自己的模型将帮助你的思维达到全新的清晰程度，这意味着你不会为了把自己的想法塞到现有模型里而做出妥协或压制。

2. 当要将你的想法传达给其他人时，以视觉方式呈现比文字描述会带来更大的影响，效果也更好。如果你能创建一个独特的模型，可以进行版权保护并与他人共享，其他人使用时也需要你的许可，那么你就在自己的业务中开发了自有知识产权的内容，这具备真正的价值。

（第二个原因很重要，但在这个早期阶段无须过分强调，否则会让你过于关注自我，这并无好处。在这个阶段，只需将这个方法作为你探索性写作实践的一部分，关注它在当下带来的收益。如果出现了某个有用的模型，那就更好了。）

---

[*] 这是皮克斯创始人埃德·卡特穆尔（Ed Catmull）对处于早期阶段的想法的一句话，当时不容易看到这些想法的全部潜力，而且它们很容易受到批评。参见他的《创新公司：克服阻碍真正灵感的隐形力量》一书（环球出版，2014 年）。

那么，你要如何着手创建独特的视觉模型呢？我认为这个过程有四个阶段，可以用一个流程图很好地进行展示（当然如此）。

确定概念　　确定元素　　确定关系　　试用模型

第一步是决定你创建模型是为了做什么。希望到这个阶段，你已经从之前完成的探索性写作练习中得到了一些启发，有了一些想法。这个部分比较容易。

现在真正的工作开始了：你需要将模型要包含的元素从脑子里倒出来，比如流程、阶段或概念。像生活中的大多数事情一样，你可以应用爱因斯坦的原则：力求简单，但不要过于简单。

你可以在纸上涂鸦，不过我建议使用便利贴，因为这样在下一个阶段——确定它们之间的关系时，就能更方便地移动元素。这就是魔法发生的地方，很可能也是需要最长时间的阶段。你需要考虑事物的顺序、它们之间的依赖关系和相互作用。这很可能也是你会得到推动思维前进的见解的阶段，你很可能需要重新回到第二步，在探索的过程中添加或重命名某些元素。

一旦在该阶段结束时，你得到了一个初步模型，就可以试用它了，首先要自己试用一下——这是否合乎逻辑？你喜欢吗？这是否让你兴奋？因为如果这不能让你兴奋，那么就很难说服其他人接受它。

在得到你觉得还不错的模型后，你可以请一些支持你但具有批判精神的朋友来试用：他们是否能理解这个模型？如果你必须详细解释，那么它还不够好；但在尝试向不了解你所知道的内容的人解释之前，你也不会知道哪些部分有效，哪些部分无效。知识的诅咒是真实存在的：我们无法像学习者一样看待自己的专业领域，因为我们无法忘记我们所知道的东西，所以我们需要找到可以代表我们采取这种视角的人。

探索性写作

□准备好尝试创建自己的概念图了吗？如果你愿意，可以使用计时器，但你可能会发现更容易的做法是跟随自己的思路流动。一旦你明确了自己要说明的概念，只需将模型中需要包含的元素从大脑转写到纸上，或者，更好的做法是转写到便利贴上。然后仔细查看：哪些是关键元素？哪些可以合并在一起？它们是什么类型的元素：过程、概念、角色、问题、条件，还是其他什么？

现在你有了一堆可以使用的元素，它们或多或少有了还不错的定义，下一步是尝试它们可以如何组合在一起。整体形状是线性的、环形的、螺旋的，还是金字塔形或网格状的？元素之间是否存在层次结构，或者针对不同条件会产生不同的路线？是否能找到潜藏的隐喻，比如管道或花朵？下一步就是简单地将这些元素摆来摆去，看看会出现什么！

在这个过程结束时，你大概率还无法得到一个成品模型，但这是一个起点，我希望你会继续迭代和改进，直到准备好在实践中试用。

如果你以前从未以这种方式运用视觉思维，希望你觉得这样做会为你注入能量，获得洞见。图像表达可以让我们更深入地理解想法，并看到我们以前没有注意到的联系。自在地尝试使用这样的图表可以为你的探索实践充电，将想法转化为视觉表达的简单行为必然会丰富和拓展你的思维。

第12章　超越语言

在探索性写作实践中熟练运用视觉思维还有一个好处：当最终需要向他人传达你的想法时，一幅图确实胜过千言万语（我们将在下一章更深入地探讨这一点）。我毫不夸张地说，若能像这样发展独特的知识产权模型，可以帮助一家企业转型——例如，艾瑞克·里斯（Eric Ries）的书《精益创业》若没有那个简洁美观的构建—测量—学习循环图，就不可能促进今天的企业发展运动。*

如果你在思考的早期阶段开始开发模型，那你将在这方面有很大的优势。好消息是，这些观念并不需要搞得很复杂。

经济学家凯特·罗斯沃斯（Kate Raworth）是《甜甜圈经济学》一书的作者，她与我分享了她简洁有力的"甜甜圈"简图——一个环状带，代表人类的安全和公正空间，其外边界由可持续性的"生态天花板"限定，内边界由人类福祉的"社会基础"限定——这一简图将她关于平衡稀缺和过剩的观念可视化了，也改变了人们的理解方式。

> 你可以直接将图片中的文字拿过来，写下健康、教育、食物、水、气候变化、生物多样性减少这些词。你可以把这些词列成两个列表，每个人看了都会耸耸肩，说"是的，我以前听说过所有这些问题"。但是如果画一个圆圈，并在圆圈中标记这些词，那么图像本身就在发挥影响，人们开始说："哦，天哪，我一直这样都是这样看可持续发展的。我以前从未见过这幅图。现在我可以进行对话，可以提出我之前觉得无法提出的问题了。我真的叹服于图像的力量，图像可以开启我们的思维。"**

---

*　艾瑞克·里斯，《精益创业：当今的企业家如何利用持续创新创造卓越的企业》（企鹅投资，2011年）。

**　非凡商业图书俱乐部播客，第98集（http://extraordinarybusinessbooks.com/episode-98-doughnut-economics-with-kate-raworth/）。

探索性写作

　　发展生物学家约翰·麦迪纳（John Medina）称，如果我们听到一条信息，三天后我们只会记住其中的 10%。如果给同样的信息配上解释性图像，这一比例会大幅增加到 65%。*

　　这正是承认房间里的大象的好时机：我们在本书开始就破除了"页面永远只是一个舞台"的观念，专注于只为自己写作的力量。但写作的本质是交流。总有一天，我们需要从容应对页面这个舞台，将我们的想法传达给他人。探索性写作也能帮助我们做到这一点吗？

　　我认为你会喜欢这个问题的答案……

---

* 约翰·麦迪纳，《大脑规则概述》，网址 http://brainrules.net/vision/（访问日期：2022 年 8 月 10 日）。

第 *13* 章

超 越 自 我

我热爱探索性写作，但希望这并未给你留下一种印象，即我觉得为了他人的写作毫无价值。

那自然是无稽之谈，我倾注心血写就此书的事实就能证明这一点。

实际上，我坚信为他人写作是一项关键的商业技能。在这个畅销书排行榜被小说主宰的世界里，人们很容易忘记，写作最初诞生时是一种商业工具。我们所知的最早的书写并非史诗，而是苏美尔商人的记录，可追溯至公元前 5 000 年左右。正如丹尼尔·莱维廷（Daniel Levitin）所言，"所有文学都可以说源于销售收据"。*

如今，写作仍是商业的基石。它是我们在组织内部沟通以完成工作的方式；我们通过写作，向客户传达我们是谁、我们能做什么以及为什么这对客户很重要；我们所写的文字也使得人们可以在网上发现和评价我们。无论你是撰写销售文案和博客文章的企业家，还是书写报告的经理，抑或准备全公司战略报告的高管，出色的写作能力都会让你更易获

---

* 丹尼尔·莱维廷，《有组织的大脑：在信息过载的时代直接思考》（企鹅出版社，2015 年），第 13 页。

得成功的垂青。就像生活中的所有事情一样，勤加练习总会有所裨益。

1982 年，广告业之父大卫·奥格威（David Ogilvy）给员工写了一份著名的备忘录。他在开头写道："在奥美公司，你写得越好，发展前景就越好。思维清晰的人，写作也清晰。"[*]他接着指出，优秀的写作就像其他任何技能一样，需要学习和磨炼。（这份备忘录堪称商业写作者——实则是**所有**写作者——的绝佳指南，非常值得一读，特别是因为它完美践行了自身所倡导的原则。）

那么，经常进行探索性写作能否助力你完成工作中的阐释性写作呢？毫无疑问，答案是肯定的。以下是具体说明。

开 始 写 作

首先，探索性写作能帮你克服面对空白页面的恐惧。恕我直言，这个道理显而易见：要想写出值得一读的东西，你得真正开始写作。然而，"白纸恐惧症"往往令人望而却步，仿佛有一群挑剔的读者正等着评判你的文字。正如彼得·埃尔博所言："写作中大量时间和精力不是耗费在了写作本身上，而是思前想后、忧心忡忡、反复修改……而（自由书写）教会你简单地继续前进，而不被对一个词好不好、对不对的忧虑所阻碍。"[**]

---

[*] 引自马克·弗劳恩费尔德（Mark Frauenfelder），《大卫·奥格威 1982 年的备忘录"如何写作"》，Boing Boing 网站，2015 年 4 月 23 日。网址 https://boingboing.net/2015/04/23/david-ogilvys-1982-memo.html（2022 年 1 月 23 日访问）。

[**] 彼得·埃尔博，《有力的写作：掌握写作过程的技巧》（牛津大学出版社，1998 年），第 14 页。

6分钟的探索性写作冲刺虽不足以帮你定稿TED演讲稿或年度股东信,但它**可以**助你启动写作,提供可打磨成正式内容的原始素材。

一旦你习惯了带着模糊的想法甚至仅仅一个问题就能坐下来,拿起笔开始写,就再也不会受困于写作瓶颈。

建立信心

我希望你已经体会到,探索性写作不断向你提供证据,证明你拥有进行意义构建、创造、解决问题等所需的内在资源,从而全面提升了你的自信。大多数人很快就会对自己生成和表达想法的能力更有把握,即便不是立竿见影,也会在一番摸索后得到提升。此外,仅仅是增加了写作量也会提升你的写作水平。

像任何技能的磨砺一样,你做得越多,就越发得心应手。当你回看写作冲刺中的原始混乱文字时,会开始注意到哪些表达是"有效的",哪些词句和意象听起来很真实,似乎要跳出纸面一样。这种与日俱增的清晰表达自己的能力必然会让你在面向他人写作时更加从容。诚然,你可能仍需借助写作网站(如Grammarly)等工具来完善标点细节,但任何写作的精髓都在于你传达给读者的内容的价值,以及它们如何被读者接收和理解,而探索性写作在这两个方面都会让你如虎添翼。

探索性写作

生产优质内容

进行探索性写作的主要理由之一是，它让你去发掘值得表达的内容。

被动接受他人表达的内容毫不费力，这是在**消费**别人的想法，除了对自己有好处之外，对其他人没什么用。分享他人的想法并附上你的初步感想相对容易，这是对思想的"策展"，可能有一定价值。但当你花几分钟进行探索性写作冲刺，释放及梳理你自己的想法时，就会异常容易地突破到下一个层次，这正是思想领袖的标志：创造想法。写作是推进思考最可靠和最有力的方法之一。所以，与其坐在那里盯着季度报告，拼命想借鉴科技公司的最新声明来撰写出吸引股东的消息，不如先把这些放在一边，去探索一番。然后，把你获得的最有用的见解带回来，再加工成适合面向读者的东西。

现在，让我们来看看两种特定的探索性写作技巧，它们特别适用于最终目的是影响和打动别人的写作。

类　　比

在第 9 章中，我们探讨了如何通过揭示潜藏的隐喻并有意识地创造新隐喻来获得新洞见，从而让隐喻为你所用。一旦你找到一个特别有效的隐喻，你就可能希望在现实世界中运用它，以帮助你向他人解释事物。这就是类比发挥作用的地方，而探索性写作在此同样可以提供帮助。

类比本质上是隐喻的加强版，它是一种更为自觉的运用，通过扩展比较来阐明联系，在这个过程中帮助人们更全面地理解所描述的事物。

举例来说，如果我说你阅读的同时正在"处理"这些信息，实际上我正在使用一个你可能都没有察觉的隐喻——用计算机术语来描述你大脑的运作。要将其转化为类比，我会更详尽地展开解释："就如同计算机通过接口从外界接收输入的信息并将其转化为二进制代码，大脑将感官信息转换成神经活动进行处理。"用熟悉的事物来解释新东西有助于我们更快地理解它——尽管过度延伸类比也可能产生误导。（比如，关于人类的"关机键"的诸多伪科学论调。）

作为商业写作者，我们常常只关注讲清楚事实——有时确实只需要这样。但同样，也有些时候我们希望给读者惊喜，吸引他们的注意，让我们的话语深入人心，帮助他们理解对非专业人士来说比较难懂的东西，这时我们就会求助于类比。

若要自己探索这一点，试着将你在第9章的练习中发现的特别有用的隐喻变成一个能帮助他人更好理解该主题的类比。如果你真的卡壳了，这里有几个示例可供尝试：

- 领导力犹如举办晚宴，因为……
- 组织文化就像气候一样，因为……
- 创办公司恰似建造房屋，因为……

这个练习将你带到了探索性写作的边界——这是我首次请你在写作时心里想着潜在的读者。值得花几分钟来想一想这件事。这如何改变了你处理任务的方式？你如何将探索性写作的自由与活力转化为对他人有用的内容？在今天的工作或生活中，你是否有机会尝试运用类比？

探索性写作

讲述更好的故事

我们在第 2 章中看到，人脑情不自禁地要讲故事。正是因为这种神经学上的特性，讲故事也成了一项关键的商业技能：建立情感连接有助于我们穿透一片嘈杂，抓住读者的全部注意力，而人们听到干巴巴的事实时，只会左耳进右耳出。

但讲故事是一门技艺，与任何别的技艺一样，它也需要练习和技巧。经常写作并不会让你变成讲故事大师，但它肯定能帮你锻炼必需的肌肉。本书中某些技术，比如第 6 章中的同理心练习，要求你富有想象力地写作，创作故事来探索各种可能性并理解经验。到目前为止，这样做的主要目的是帮助你更高效地思考，但它还有一个重要的好处，那就是提高你讲故事的能力，这就是我们此处要关注的重点。

特别是，练习同理心和换位思考能让你与读者进行连接，反过来也让他们更容易与你连接。

让我们尝试一次写作冲刺，目的是捕捉他人的视角，专门用于更好的沟通。选择一个你需有效说服的对象，可能是你的营销文案想要打动的潜在客户，你想向其推销想法的领导或潜在投资者，或者对你的度假计划持怀疑态度的伴侣……你懂的。

将计时器设为 6 分钟，从那个人的角度将相关情况写成一个故事。他们最关心什么？他们担心什么？在他们看来，最糟糕的情况是什么，潜在的好处又是什么？他们需要从你那里听到什么？在纸上通过讲故事，想象自己认同那个人的想法，这有助于你在现实生活中与他们互动时进行更有效的沟通。

最后，让我们带着一种完全不同的目的来看看探索性写作——不是为了提升商务沟通或改善人际关系，而仅仅是为了写作本身。

创意写作应用

我们在第 6 章中介绍了"自由书写"，它是探索性写作工具包中最基础的技能。我第一次接触这个工具是在朱莉娅·卡梅隆的《艺术家的方法》一书中，她将晨间日记作为训练创造力的一种基础操作。

正如字面意思所言，晨间日记指的是：每天早上用手写的方式，在三页标准规格（大约 A4 大小）的纸上进行"严格的意识流"写作，仅供自己阅读。卡梅隆明确地将这种练习与我们通常认为的"写作"区分开来：

"（它们）并不是为了成为艺术，甚至都不是写作……书写只是工具之一。写这个仅仅是为了让手在纸上移动，写下脑海中出现的任何东西。"*

在为自己发明这种练习时，卡梅隆刚刚因为剧本又一次失败而沮丧，退隐到新墨西哥州调整状态。令她惊讶的是，她那些漫无目的涂写成为了一部新小说的跳板。现在她主要将这种练习作为一种解除创作障碍和解锁创造力的工具来教授。

---

* 朱莉娅·卡梅隆，《艺术家的方法：发现和恢复创造性自我的课程》（普罗菲尔出版社，2020 年），第 10 页。

探索性写作

许多作家经常使用这种技巧作为突破写作障碍和自我怀疑的方法，倒不一定要在早晨。如果你参加过写作小组，可能已经尝试过这种方法。

但这种专注于创造力、纯粹为了促进写作本身的方法不仅仅适用于小说家、诗人和编剧，它同样可以帮助任何需要进行书面沟通的普通人更有效地表达自己。

曾任阿默斯特大学写作项目主任的彼得·埃尔博，著有《有力的写作》和《无师自通写作》两本书，他在绝望中发现了这种技巧，当时他是牛津大学的奖学金获奖学生，长期面临写作障碍，压力巨大。

但他很快发现，自由书写不仅仅是一种突破写作障碍的方法；从长远来看，它实际上产生了更好的内容，因为当你"放飞自我"时，涌现出的语言往往比精心打磨选择后的词句更加鲜活有力：

"这不仅仅是一种应对方法，它产生的语言本身确实有其优点……有时我能看出作者在选词上下了太多功夫……其中有很多技巧，但它不是流动的，缺乏能量……当作者进入状态，词语自然流露时，其语言和思维中就会有一些神奇的东西。"[*]

对于编剧、小说家、学者及其他以写作为生的人来说是如此，对于那些写报告、备忘录，甚至只是 WhatsApp 消息的人来说也一样。探索性写作不仅可以帮助我们变得更有创造力，克服面对空白页面的恐惧，还能帮助我们更加鲜活和清晰地表达想法。

谁不想要这样呢？

---

[*] 非凡商业读书俱乐部播客，第 312 集（(http://extraordinarybusinessbooks.com/episode-312-free-writing-with peter-elbow/)。

第 14 章

超越当下

当英国维多利亚时代伟大的探险家们回到家乡时,探险的第二阶段就开始了:他们会在皇家学会做演讲,讲述其冒险经历;将新搜集的标本交给自然历史博物馆供研究;小心翼翼地将种子转交给邱园*进行繁殖和分析。(当然他们也经常将其他民族无价的文化瑰宝交给大英博物馆,但那是另一本书的话题了……)

换句话说,他们并不是仅仅去探险一趟,回家后将所得之物束之高阁就完了。

而你,又将如何利用在探索性写作之旅中发现的东西呢?

记 录 发 现

在第 3 章的基本工具包中,我建议在你的探索性写作用品中添加一

---

* 译注:正式名称为皇家植物园邱园(Royal Botanic Gardens, Kew),位于英国伦敦西南部,现在是一个世界级的植物园和重要的植物研究机构。

个笔记本，这是一个"锦上添花"的好主意。它可以让你以更加整洁清晰的方式记录下洞见和行动计划。

我决定不把它列为必需品，但我强烈建议你以某种方式来记录你在微小的探索过程中的发现。你需要从 A4 纸上鲜活混乱的内容中精挑细选，看看将哪些内容转移到这本更永久的记录中。探险家可能会在竹林中开辟九十九条路径，但最终只有一条能够稳定、安全地通往河流，而这条路才会被画在地图上。

你也许会发现笔记本并不太适合你，这也是我决定将其列为"可选"的原因之一。我自己使用的不是笔记本，而是视情况在三种东西中选择一种，来记录写作冲刺中的洞见：我的私人博客（本质上是一个在线日记）用于记录顿悟时刻；我的 Trello[*] 待办事项列表用于行动规划；另一个单独的 Trello 看板用于记录有关未来内容创作的想法，例如领英文章或播客节目。

你记录写作冲刺成果的方式可能完全不同，这取决于你已经在使用哪些工具记录想法，以及你打算如何使用这些想法。但在开始之前请考虑这一点：便利贴上的自我备忘录并不是一个可扩展的解决方案。

一旦你有了捕捉洞见的方法，特别是那些超越简单待办事项的洞见，那么就可以考虑，从现在开始，你如何在生活和工作中充分利用它们？我相信，当下即兴的探索性写作须与经常性的反思实践相结合，才能充分发挥其价值。反思实践提供了一个模型，可以将这种写作产生的洞见转化为无穷迭代的自我发展。

---

[*] 译注：Trello 是一款用于团队和项目管理的可视化工具。

第14章 超越当下

反 思 实 践

作为一种学术和专业工具，反思实践立基于大卫·科尔伯（David Kolb）的研究，他提出著名的经验学习模型，将之设定为包含四个阶段的循环过程：

1. 具体经验——某件事发生了，需要做出非常规的反应，或者将挑战你的技能。

2. 反思性观察——从探索性写作的角度来看这是最有趣的部分。在这个阶段，你可能会问自己的经典问题包括：什么有效？什么失败了？为什么会发生那样的事？我为什么那样做，其他人为什么那样表现？

3. 抽象概念化——在此处，你从反思发生的事情转向思考未来如何做得更好：你如何改进你的反应？哪些资源和想法可能有帮助？

4. 主动实验——你将新的理解和关于如何做事的不同想法付诸实践。此时你将想法转化为了具体经验，然后继续反思其结果，循环又重新开始。

这个理论很不错，每个MBA学生都很熟悉，但你上次在工作中听到有人谈论它是什么时候？我们大多数人，大多数时候，都是在具体经验和主动实验之间来回跳跃。我曾经和一位焦头烂额的项目经理一起工作，她都快哭了，因为她怎么也无法说服项目发起人和领导团队在每个项目阶段末尾抽出时间开个评估会议。这种反思被他们视为无暇享用的奢侈品，因此项目总是在灾难边缘徘徊，一再错过截止日期。（她最后辞职了，而这无可厚非。）

我们典型的行事方式可以用道格拉斯·亚当斯（Douglas Adams）的精准观察来概括："你活着，你学习。不管怎样，你都活着。"*

---

* 道格拉斯·亚当斯，《绝对无害》（潘麦克米伦出版社，2009年，首版于1992年），第138页。

探索性写作

唐纳德·肖恩（Donald Schön）准确地指出了问题所在，他将我们的日常工作环境描述为"沼泽低地"*——当我们日复一日地在低处工作时，很难看到大局；没有可用的标志指引我们，当然也没有出路。他得出结论说，我们依赖两种类型的反思：

1. 行动中的反思——这是在沼泽中即兴进行的，通过试错完成。
2. 行动后的反思——这时我们退回高处反思刚刚发生的事情。这是反思实践的核心，也是学习和成长最能有效发生的地方。

反思实践牢固嵌入的一个领域是学术界。如果你最近学习过，就会知道反思你的作业和项目是学习经历的核心部分之一。吉利·博尔顿指出，反思实践不仅仅是为了提高表现，它也是一种个人和社会责任：

反思实践能够让我们发现我们是谁、我们是什么，为什么我们会这样行动，以及我们如何做得更高效……寻找解决方案的过程会引出更多相关问题，促使你学习更多，还会带来令人不安的不确定性——而这正是所有教育的基础。**

你并非总能轻松地抽出时间进行这种反思实践，但它总是很有用。2014 年，来自哈佛、巴黎和北卡罗来纳的研究人员试图量化测量其益处。他们与一个正在进行培训的客服团队合作，鼓励其中一组人每天结束时花 15 分钟以书面形式反思当天的情况，另一组人花 15 分钟练习学到的技能。结果反思组的表现比只是练习技能的同事提高了近 25%。研究人员得出结论："有意识地总结和整理过去的经验，比单纯累积更多经

---

* 唐纳德·肖恩，《培养反思实践者：走向专业教学和学习的新设计》（乔西－巴斯出版社，1987 年），第 42 页。

** 吉列·博尔顿，拉塞尔·德尔德菲尔德，《反思实践：写作与专业发展》（第 5 版）（世哲出版社，2018 年），第 14 页。

第14章 超越当下

验，能带来更好的表现。"[*]

我很高兴听到我的孩子们说，反思实践现在也是学校生活的一个重要部分——也许下一代专业人士会将这个习惯带入未来的职场。考虑到他们可能面临更多的不确定性和变化，他们肯定会需要这个习惯。

遗憾的是，不太可能有人支持你将反思实践融入你自己的生活和工作中——但没关系，你新掌握的探索性写作技能意味着，你现在可以为自己这么做了。

---

[*] 古亚达·迪·斯蒂法诺，弗朗西斯卡·吉诺，加利·皮萨诺，布莱德利·斯塔茨，"让经验变得有意义：反思在个人学习中的作用"，哈佛商学院论文，第14-093号，2014年3月。

结　　语

将探索性写作称为魔法是否言过其实？我个人认为并非如此。还有什么词能更好地描述这样一个过程呢——将无形变为有形，将绝望的处境转化为成长的机会，将零散的想法和印象整合成一个可加工的整体？

对我来说，探索性写作最神奇的地方在于它所代表的潜力。无论这一天过得多么糟糕，无论我们多么无望地深陷失败或挫折的泥沼，只要我们有需要，空白的页面随时都可以代表一个崭新的开始、一个清晰的空间。

我在格拉德斯通图书馆完成了这本书的大部分内容。那是一个优美明亮的空间，有温暖的木头和冰凉的石材，摆满成千上万的书籍，偶尔只有一声轻咳或翻动纸张的声音打破宁静。

当有人走进阅览室，你能看到他们身上发生的物理变化：他们停下来，深呼吸，放慢脚步。室内的空间、美感与平和，以及那种安静的氛围，营造出一种感觉——这是一个进行重要工作的地方，一个专注和思考的场所。

遗憾的是，并非所有人都能随时使用这样一个房间，但一张白纸呢？那随时触手可及。我发现，我可以把一张最普通的白纸变成那个美丽宁静的空间在精神上的等价物。至少在几分钟内，我可以集中注意力，不受打扰地探索自身内在浩瀚的"图书馆"，或者只是呼吸——如果需要的话。

所以，如果你读到这里还没有亲自尝试，现在就是时候了。去拿一张纸和一支笔吧，我等着你。

探索性写作

准备好了吗？花点时间欣赏一下你面前的空白纸面，感受它的内涵。没有人在你肩膀后面窥视。这是你的空间，此刻你想要它是什么它就是什么，然后开始写。

无论你在页面上发现了什么，都接受它。注意你为自己创造这个空间是什么感觉，并经常回来这里。不久之后，你会发现你把这个富有力量、澄清思路、充满乐趣和创造力的空间带回了现实世界，而这改变了一切。

写作提示列表

除了本书中已经介绍的练习外，这里还有一些有用的写作提示，当你需要一点灵感来启动探索性写作时可以参考。其中许多方法都曾在"非凡商业图书俱乐部"的虚拟篝火聚会的小组写作环节里使用过，它们总能激发有用的想法和见解，从未失败。还有一些写作提示是由俱乐部成员和社交媒体上的其他联系人提供的。这些提示并未按照特定顺序排列，所以随意挑选一个开始吧！

请记住，这些只是起点，你最终可能会降落到千里之外——这正是关键所在！所以不要担心如何"回答"这些问题，只需看看这些问题会带领你去到哪里。

你如果有自己喜欢的写作提示，欢迎发邮件与我分享：alison@alisonjones.com，或者在某个星期五带到虚拟篝火聚会中，也可以在"非凡商业图书俱乐部"脸书（Facebook）小组中分享！

- 关于这件事，我在给自己讲一个什么样的故事？
- 还有其他看待这件事情的方式吗？
- 在这种情况下，我会对一个朋友说什么？
- 这件事最有趣的地方是什么？
- 我现在需要问自己什么问题？
- 今天成功的标志是什么？
- 如果我能和 X 进行一次教练对话，对方会说什么？
- 如果我是一名报道我的企业的记者，我会关注什么样的故事？

探索性写作

- 如果明天我不能打字，我的企业或工作会发生什么？
- 自我写下这些话以来（例如，当回看个人网站上的"关于"页面或你的小传时），我学到了什么？
- 我内心最安静的部分现在在说什么？
- 在我给别人的建议中，有哪些是我自己也需要的？
- 今天是什么让生活充满活力？
- 对我来说，被看见、被认可意味着什么？
- 我现在能看到、听到、闻到、触摸到、尝到什么？（这是一个很好的扎根练习。）
- 在我状态最好的时候，我会……？
- 这周我可以在哪些地方不再苛求完美，而是关注所取得的进步？
- 亲爱的×岁的我……（给更年轻时的自己写一封信，特别是在有某种需要或庆祝的时候——你最需要听到什么？）
- 谁能帮助解决这个问题？
- 我真正想要的是什么？
- 我认为我不知道答案的原因是……
- 今天我需要对什么放手，或拒绝什么？
- 今天我能写出的最真实的一句话是什么？
- 今天哪个小步骤会产生最大的影响？
- 哪段记忆对我没有帮助，我该如何重新构想它？
- 如果我从内心出发就这个问题写作，而非从自我出发，我会说什么？
- 我的超能力是……
- 我对这个项目/会议或这段关系的印象是……
- 我今天的"改变游戏规则者"是……
- 如果我这周有两个小时的"勇敢时间"（即你的"勇气"得分暂

写作提示列表

时提升了 10 倍），我会做什么？
- 有哪些潜意识的假设或偏见阻止我看到整个画面？
- 当我回顾这周时，我想说……
- 如果我可以重做一次，我会……
- 现在，我感觉……
- 目前，有效的是……
- 本周，我不再有时间去……
- 人们需要知道的是……
- 这种想法或行为以何种方式帮助或阻碍我成为我想成为的人？
- 此刻，我最好的部分在说……
- 谁的观点在此处会很有价值？
- 如果我今天只能专注于工作或生活或关系中的一件事，那会是什么？
- 为什么我是这项任务的合适人选？*
- 我今天如何可以取得 1% 的进展？
- 我在这里最大的优势是什么？（跟进问题：我是否充分利用了它？）
- 今天我最感激的是什么？
- 我现在可以庆祝什么？
- 我过去认为……现在我认为……**

---

* 这是艾莉莎·巴尔坎（Alisa Barcan）所说的"肯定问句"的一个例子：与其简单地重复对自己的积极陈述，不如将其变成一个问题，让你的大脑自己找到答案，例如，"为什么我是写这本书的合适人选？"，而不是"我是写这本书的合适人选"。太棒了，可以使用"本能阐释"了！

** 发展为哈佛大学教育学院零点项目（Project Zero）的可视化思维项目的一部分。

现在要做什么？

你已经读完了这本书，但这只是你探索性写作之旅的开始，希望这个冒险能在你的余生持续下去。

我很想知道你在这个过程中的发现。欢迎给我发邮件到 alison@alisonjones.com，告诉我你的探索把你带到了哪里。

如果你想预约一次演讲或工作坊，向你的组织介绍探索性写作的力量，也请使用这个电子邮件地址联络。

如果你想要更多地支持自己的探索性写作实践，为什么不加入我的"文思泉涌"（WriteBrained）在线课程呢？这是一个为期28天的探索性写作冒险活动，每天早上会发送一个新的写作提示到你的收件箱，附有一个简短的视频来为当天的任务做更多解释，这是启动每日探索性写作实践的绝佳方式。我们还有一个支持性的脸书社区，你可以在其中分享你的发现和反思。点击加入课程 www.exploratorywriting.com。你可以使用这个代码获得 50% 的折扣：EXPLORIAMUS。

空白页面正在等待你，今天你会把它变成什么样呢？

致　　谢

我在写作本书的过程中，曾受到许多人的见解和鼓励的影响，对此我深表感激。然而，由于我不允许其他与实用启发出版社合作的作者写十页的致谢，我可能也不应该让自己拥有这种奢侈。这只是一个不完整、不足的清单，但总比没有好。

首先感谢实用启发出版团队以及我们的设计和制作合作伙伴英国新源出版社（Newgen Publishing UK），感谢他们在我一次次地错过截止日期时表现出的耐心和幽默（特别要感谢谢尔，她在密集的日程中为我挤出了写作时间，并且坚决地保护这段时间）。与他们一起工作正是每天都在发生的魔法。

感谢策划编辑艾莉森·格雷，她帮助我揭示了我长期以来未曾发现的结构；感谢编审凯蒂·菲尼根将最终的手稿打磨成型，感谢玛丽·阿拉制作了可爱的"页面"插图。

这本书最初是作为"文思泉涌"课程的测试版本而诞生的，因此非常感谢所有那些前来体验并提供反馈的人：安妮·阿彻、凯瑟琳·毕晓普、林恩·布罗姆利、乔伊·伯恩福德、艾莉森·考沃德、琳达·达夫、费丽西蒂·德怀尔、吉尔·埃里奥特、克里斯塔·鲍威尔·爱德华兹、苏珊·海格、贝基·霍尔、加里·霍西、妮基·哈迪、霍尼·兰斯唐、克雷格·麦克沃伊、格雷斯·马歇尔、苏珊·尼克里奥丹、克莱尔·佩恩特、阿克希尔·帕特尔、克里斯·拉德福德、露西·瑞安、贝丝·斯托尔伍德、本·威尔斯和乔治·沃克利，特别感谢海伦·丹恩、希拉·平德和爱丽丝·谢尔顿，他们的专业见解和热情鼓励首先让我相信这个想法是可行的。

也感谢多年来与我在"非凡商业图书俱乐部"虚拟篝火旁见面的所有人，感谢他们的开放、慷慨、智慧和干练，更重要的是，感谢他们在星期五下午的美好陪伴。

向我杰出的"12周女战士团队"致敬——贝克·埃文斯、丽兹·古斯特、格雷斯·马歇尔、凯西·伦岑布林克和劳拉·萨默斯——感谢她们的卓越见解，以及对我的支持和挑战。特别感谢贝克对结构的思考，以及对格拉德斯通图书馆的推荐，我在这里完成了大部分写作（当然也是最好的部分）。

感谢所有提出列表中额外写作提示的人：艾丽莎·巴尔坎、乔恩·巴特利特、凯瑟琳·毕晓普、布莱恩·卡瓦纳、丽莎·爱德华兹、克里斯塔·鲍威尔·爱德华兹、加里·霍西、马丁·克洛普斯托克、阿内塔·阿尔德里安·库兹马、德布·马谢克、凯蒂·默里、罗伊·纽威、乔·理查森、露西·莱恩、娜奥米·林恩·肖、特里夏·史密斯、安东尼娅·泰勒和莱安娜·查基尼斯。

最后，感谢我在"非凡商业图书俱乐部"播客节目中的所有嘉宾，他们帮助我深入广泛地探讨写作，感谢所有听众，也感谢你，我的读者，因为写作可能始于探索，但并不止步于此——最终，它意味着连接。

参 考 书 目

Bolton, Gillie with Russell Delderfield, *Reflective Practice: Writing and professional development*, 5th edition (Sage, 2018).

Cameron, Julia, *The Artist's Way: A course in discovering and recovering your creative self* (Tarcher, 1992, new edition Profile Books, 2020).

Cameron, Julia, *The Right to Write: An invitation and initiation into the writing life* (Hay House, 1998).

Clear, James, *Atomic Habits: An easy and proven way to build good habits and break bad ones* (Random House Business, 2018).

Csikszentmihalyi, Mihaly, *Flow: The psychology of optimal experience* (Rider, 2002).

Daisley, Bruce, *Fortitude: Unlocking the secrets of inner strength* (Cornerstone Press, 2022).

Di Stefano, Giada, Francesca Gino, Gary P. Pisano & Bradley Staats, 'Making experience count: The role of reflection in individual learning', *Harvard Business School Working Paper*, No. 14–093, March 2014.

Dodge, Rachel, Annette Daly, Jan Huyton & Lalage Sanders, 'The challenge of defining wellbeing', *International Journal of Wellbeing* 2012;2(3), 222–235.

Dweck, Carol, *Mindset: Changing the way you think to fulfil your potential* (first published 2012, 6th edition, Robinson, 2017).

Elbow, Peter, *Writing with Power: Techniques for mastering the writing process*, 2nd edition (Oxford University Press, 1998).

Elbow, Peter, *Writing without Teachers*, 25th anniversary edition (Oxford University Press, 1998).

Fogg, B. J., *Tiny Habits: The small changes that change everything* (Virgin Books, 2020).

Galef, Julia, *The Scout Mindset: Why some people see things clearly and others don't* (Piatkus, 2021).

Gilbert, Elizabeth, *Big Magic: Creative living beyond fear* (Bloomsbury, 2016).

Gilligan, Stephen & Robert Dilts, *The Hero's Journey: A voyage of selfdiscovery* (Crown House Publishing, 2009).

Grant, Adam, *Think Again: The power of knowing what you don't know* (W. H. Allen, 2021).

Hall, Becky, *The Art of Enough: 7 ways to build a balanced life and a flourishing world* (Practical Inspiration Publishing, 2021).

Harari, Yuval Noah, *Sapiens: A brief history of humankind* (Harvill Secker, 2014).

Harper, Faith G., *Unf#ck Your Brain: Using science to get over anxiety, depression, anger, freak-outs, and triggers* (Microcosm Publishing, 2017).

Holland, Cara, *Draw a Better Business: The essential visual thinking toolkit to help your small business work better* (Practical Inspiration Publishing, 2018).

Janzer, Anne, *The Writer's Process: Getting your brain in gear* (Cuesta Park Consulting, 2016).

Kahneman, Daniel, *Thinking, Fast and Slow* (Penguin, 2012).

Levitin, Daniel, *The Organized Mind: Thinking straight in the age of information overload* (Penguin, 2015).

Kolb, David A., *Experiential Learning: Experience as the source of learning and development* (Prentice Hall, 1984).

Milne Rowe, Sara, *The SHED Method: The new mind management technique for achieving confidence, calm and success* (Michael Joseph, 2018).

Mohr, Tara, *Playing Big: For women who want to speak up, stand out and lead* (Hutchinson, 2014).

Newport, Cal, *Deep Work: Rules for focused success in a distracted world* (Piatkus, 2016).

Pennebaker, James W. & Sandra K. Beall, 'Confronting a traumatic event: Toward an understanding of inhibition and disease', *Journal of Abnormal Psychology* 1986;95(3), 274–281.

Pennebaker, James W. & Joshua M. Smyth, *Opening Up by Writing It Down: How expressive writing improves health and eases emotional pain* (Guilford Press, 2016).

Peters, Steve, *The Chimp Paradox: The acclaimed mind management programme to help you achieve success, confidence and happiness* (Ebury, 2012).

Peters, Steve, *A Path Through the Jungle: Psychological health and wellbeing programme to develop robustness and resilience* (Mindfield Media, 2021).

Pirsig, Robert, *Zen and the Art of Motorcycle Maintenance: An inquiry into values* (Vintage Classics, 1991).

Progoff, Ira, *At a Journal Workshop: Writing to access the power of the unconscious and evoke creative ability,* revised edition (Inner Workbooks series, Jeremy P. Tarcher, 1992).

Roam, Dan, *Back of the Napkin: Solving problems and selling ideas with pictures* (Portfolio, 2008).

Schein, Edgar, *Humble Inquiry: The gentle art of asking instead of telling* (Berrett-Koehler Publishers, 2013).

Schön, Donald, *Educating the Reflective Practitioner: Toward a new design for teaching and learning in the professions* (Jossey-Bass, 1987).

Schön, Donald, *The Reflective Practitioner: How professionals think in action* (Ashgate, 1991).

Sheldon, Alice, *Why Weren't We Taught This at School? The surprisingly simple secret to transforming life's challenges* (Practical Inspiration Publishing, 2021).

Tupper, Helen & Sarah Ellis, *You Coach You: How to overcome challenges and take control of your career* (Penguin Business, 2022).

Raworth, Kate, *Doughnut Economics: Seven ways to think like a 21stcentury economist* (Chelsea Green Publishing Company, 2017).

Rushdie, Salman, *Imaginary Homelands: Essays and criticism 1981–1991* (Granta, 1991).

Weick, Karl E., *Sensemaking in Organizations* (Sage, 1995).